KB200093

김남국 목사의
창세기 파헤치기 2

오, 아브라함

김남국 창세기 파헤치기 2

오, 아브라함

지은이 | 김남국
초판 발행 | 2014. 8. 4
개정 1쇄 | 2016. 2. 1
7쇄 발행 | 2023. 3. 21
등록번호 | 제1988-000080호
등록된 곳 | 서울특별시 용산구 서빙고로65길 38
발행처 | 사단법인 두란노서원
영업부 | 2078-3352   FAX | 080-749-3705
출판부 | 2078-3331

책 값은 뒤표지에 있습니다.
ISBN 978-89-531-2388-5 04230
ISBN 978-89-531-2278-9 04230 (세트)

독자의 의견을 기다립니다.
tpress@duranno.com   www.duranno.com

· 이 책은 김남국 목사의 창세기 파헤치기 2 《네가 믿음을 아느냐》의
  표지와 제목을 바꿔 개정했습니다. 내용은 동일합니다.

두란노서원은 바울 사도가 3차 전도여행 때 에베소에서 성령 받은 제자들을 따로 세워 하나님의 말씀으로 양육하던 장
소입니다. 사도행전 19장 8~20절의 정신에 따라 첫째 목회자를 돕는 사역과 평신도를 훈련시키는 사역, 둘째 세계선교
(TIM)와 문서선교 (단행본·잡지) 사역, 셋째 예수문화 및 경배와 찬양 사역, 그리고 가정·상담 사역 등을 감당하고 있습니다.
1980년 12월 22일에 창립된 두란노서원은 주님 오실 때까지 이 사역들을 계속할 것입니다.

김남국 목사의
창세기 파헤치기 2

오, 아브라함

두란노

들여다보고 내다보라

성경을 읽을 때는 밖에서 안을 보듯 가까이서 자세히 살피고, 안에서 밖을 보듯 멀리서 바라봐야 합니다. 성경은 하나님의 역사 드라마입니다. 역사 드라마란 스토리가 있다는 뜻입니다. 스토리는 그 이야기 속으로 들어가서 봐야 더 잘 보입니다. 즉 내가 성경의 시대 속으로 들어가서 그 시대의 인물과 삶이 되어 따라가야만 합니다.

성경 시대에 오직 하나님 말씀만 믿고 자기가 살던 나라와 부모를 떠난다는 것은 정말 쉽지 않습니다. 축구장의 관객처럼 아브라함의 믿음이 '좋다', '나쁘다'를 판단하는 청중평가단으로서가 아니라 그 시절 아브라함이 되어서 아브라함이 간 길을 따라가 보시기 바랍니다. 아브라함이 애굽의 바로에게 사라를 넘길 때 같이 넘기시고 아브라함이 양보할 때 같이 양보해 보십시오. 스토리란 옳고 그름을 넘어서 내용을 담고 있습니다. 하나님은 아브라함을 통해 우리에게 믿음의 내용을 보여 주고 계십니다. 내용을 알려면, 더구나 시대가 다르고 장소가 다른 곳에서 벌어진 내용을 알려면, 가까이 가서 자세히 살펴야 합니다.

성경의 스토리는 대하드라마입니다. 성경은 1600여 년 동안 40여 명의 성서 기자를 통해 하나님의 감동으로 기록된 책입니다. 창조부터 종말까지 이르는 광대한 내용을 담고 있습니다. 하나님의 역사 스토리 전체를 놓고 보면 아브라함은 극히 일부를 살다 간 인물에 불과합니다.

언젠가 이스라엘 현지에서 살다 온 선교사님이 성경을 문화적으로만 치중해서 해석하는 것을 보았습니다. 성경은 당시의 문화와 상황 속에서 자세히 살펴야 하지만, 그 시대의 문화를 넘어선 메시지가 있다는 것을 잊어선 안 됩니다. 그래서 전체를 보는 시야가 있어야 합니다.

창세기 파헤치기 1권이 나온 후 많은 분들의 격려가 이번 책을 쓰는 데 큰 힘이 되었습니다. 창세기 1-11장의 내용을 많이 알게 되었다는 말을 들었을 때가 가장 기뻤습니다.

이번 책《창세기 파헤치기 2 : 오, 아브라함》에서는 아브라함에 대해서 썼습니다. 아브라함은 이미 너무 잘 알고 있는 인물이지요. 하지만 많은 사람들이 아브라함을 사건 중심으로만 알고 있는 것이 안타까웠습니다. 그래서 아브라함의 이야기가 전개된 창세기 12장부터 25장까지를 살펴보면서 무엇보다 아브라함의 삶에 집중했습니다. 어떤 때는 그 시대에 들어간 것처럼 가까이서 조명해 보고 어떤 때는 성경 전체의 시야를 가지고 살펴보려 노력했습니다.

여전히 한 권의 책이 나오는 과정이 쉽지 않음을 느낍니다. 허락해 주신 주님의 은혜와 수고해 준 두란노서원과 말씀을 공부할 수 있도록 기도와 사랑으로 함께한 주내힘교회 성도들에게 제일 먼저 감사를 드립니다. 나의 든든한 동역자인 둘로스선교회와 마커스커뮤니티, 그리고 항상 목회와 사역을 돕는 김지원, 서찬극, 황시온 부교역자들에게도 고마움을 전합니다. 만날 때마다 성경의 넓이를 가르쳐 주신 남포교회 박영선 목사님과 사역에 전념하도록 언제나 자리를 지켜 주고 도와준 아내에게 깊은 감사를 드립니다.

언제나 그 자리에서
김남국 목사

CONTENTS

Part 2

육을 제거해야 믿음이 자란다 창 15~17장

Part 4

믿음의 영역을 넓히라 창 21~25장

아브라함은 당신이다

노아의 후손들은 결국 바벨탑을 쌓을 수밖에 없었고, 하나님은 언어를 혼잡케 하여 그들을 흩으셨습니다. 인류에게는 더 이상 소망이 없으며 모든 게 끝이 난 것 같았습니다. "인류는 바벨탑을 쌓는다. 그리고 하나님은 흩으셨다." 이것이 창세기 11장까지의 결론입니다.

하나님께서 바벨탑을 쌓은 사람들을 흩으실 때 언어를 혼잡케 하셨는데, 이는 단순히 말이 통하지 않도록 하신 것이 아닙니다. 말이 통한다는 것은 '마인드'가 하나라는 것입니다. 사람들은 말이 통하면 한 족속을 이루는 반면 통하지 않으면 다른 족속으로 나뉩니다. 언어가 족속을 나누는 근거가 되는 것입니다. 또 언어가 달라지면 생각이 달라집니다. 서로 다른 생각 때문에 족속 간에 미움과 불신이 일어나고, 적대 관계가 형성됩니다. 족속과 족속이 다투고, 민족과 민족이 전쟁을 하게 됩니다. 한마디로 언어가 달라짐으로써 인류가 하나 되는 길을 막으셨다는 뜻입니다.

그런데 이때 한 사람을 선택하시고 그를 통해 또 다른 인류를 준비하기 시작하셨습니다. 하나님이 역사 속에 직접 개입하기로 작정하신 것입니다. 이제 구원의 역사를 보여 주는 믿음의 장이 시작되었습니다. 하나님이 선택한 한 사람, 그는 바로 아브람, 즉 아브라함입니다.

하나님이 선택하셨기에 위대한 것이다

창세기 1장부터 11장까지의 사건을 제대로 이해하지 못하면, 하나님께서 왜 '믿음'으로 구원의 역사를 시작하실 수밖에 없었는지를 이해할 수 없습니다.

창세기 12장에서 하나님은 아브람을 통하여 모든 족속에게 복을 주시겠노라고 선포하셨습니다. 아브람은 하나님으로부터 모든 족속에게로 복이 흘러가는 통로입니다. 아브람, 한 사람을 통해서 모든 민족에게 복이 흘러가게 될 것입니다. 하나님께서는 아브람에게 "땅의 모든 족속이 너로 말미암아 복을 얻을 것"(창 12:3)이라고 말씀하셨습니다.

이것은 하나님의 자신감입니다. '땅의 모든 족속'에게 흘러갈 복의 통로는 한 사람이면 족하다는 것입니다. 어떻게 이런 일이 가능합니까? 하나님이 아브람에게 처음 하신 말씀을 통해 그 답을 찾을 수 있습니다.

여호와께서 아브람에게 이르시되 너는 너의 고향과 친척과 아버지의 집을 떠나 '내가' 네게 보여 줄 땅으로 가라 '내가' 너로 큰 민족을 이루고 네게 복을 주어 네 이름을 창대하게 하리니 너는 복이 될지라 너를 축복하는 자에게는 '내가' 복을 내리고 너를 저주하는 자에게는 '내가' 저주하리니 땅의 모든 족속이 너로 말미암아 복을 얻을 것이라 하신지라(창세기 12:1~3).

반복해서 강조되는 표현이 보이십니까? 바로 '내가'입니다. '내가', 즉 '하나님' 자신을 강조하고 있습니다. 죄로 말미암아 하나님께서 민족들을 흩으셨지만, 이제는 아브람을 통해서 모든 족속에게 복을 주고 하나 되게 하겠다고 선포하신 것입니다.

"구원의 시작은 아브라함 한 사람이면 족하다"는 자신감의 근거는 바로 하나님 자신에게 있음을 확인할 수 있습니다. 아브라함이 누구입니까? 이름만 들어도 뭔가 대단한 사람인 것 같습니다. 그러나 실제로는 그렇게 대단한 사람이 아니었습니다. 하나님이 그를 선택하셨기 때문에 위대한 인물이 된 것이지 원래 위대한 인물이어서 선택하신 게 아닌 것입니다. 이것을 분명히 알아야 합니다.

창세기 12장부터 50장까지는 이스라엘 족장들의 이야기입니다. 특별히 아브라함과 이삭과 야곱까지는 과연 누가 하나님으로부터 선택받을 것인가 라는 주제가 다뤄지고 있습니다. 하나님의 선택에 있어서 중요한 기준은 선택은 철저히 하나님의 주권에 있다는 것입니다. 이것을 분명히 하시기 위해서 하나님은 사람이 가진 모든 상식을 보기 좋게 날려 버리셨습니다. 이스마엘은 아브라함의 첫아들임에도 불구하고 믿음의 족보에서 제외시켰습니다. 아브라함의 자녀라고 해서 무조건 구원받는 것이 아니라는 뜻입니다.

혹시 이스마엘이 서자이기 때문에 이삭이 선택된 것이 당연하다고 생각할지도 모릅니다. 그래서 하나님께서는 이삭이 아브라함의 정실 아내인 사라가 낳았기 때문에 선택된 것이 아니라는 것을 보여 주시기 위해 이삭의 아내인 리브가가 쌍둥이를 임신했을 때 뱃속에서부터 장자 에서를 버리고 차자 야곱을 선택하셨습니다.

하나님의 선택은 혈통에 있지 않고 서열에 있지도 않음을 알 수 있습니다. 더군다나 하나님은 아이가 자라면서 정말로 선택받을 만한지 그의 됨됨이를 살펴보지도 않고 태중에서 선택하심으로써 선택이 오로지 하나님의 주권에 달려 있음을 분명히 하셨습니다.

하나님이 아브람을 선택하면서 요구하신 것은 '땅의 모든 족속들을 향한 복의 통로'가 되라는 것입니다. 그러면 큰 민족을 이루시겠다는 것입니다.

아브라함을 믿음의 조상으로 만들어 가는 과정

아브라함, 야곱, 요셉 중에서 우리가 가장 공감할 만한 사람은 야곱 일 것입니다. 우리와 성정(性情)이 비슷해서가 아닐까 합니다. 반면에 가장 동경하는 대상은 요셉입니다. 노예 신분에서 온갖 역경을 극복하고 애굽의 총리가 되었으니 말입니다. 한편 아브라함은 누구나 대하기 어려워합니다. 왜 그럴까요? 믿음은 우리가 시작한 것이 아니기 때문입니다. 특별히 기독교의 믿음은 다른 종교에서 말하는 믿음과 완전히 다릅니다. 사람들이 무언가를 인식하고 받아들이려면 합리적이어야 합니다. 다시 말해 우리는 우리의 사고 체계 안에서 설명되어야 이해할 수 있고 받아들일 수 있습니다.

그런데 믿음이란 게 합리적이지 않으니 문제입니다. 이 말은 믿음이 비합리적이라는 뜻이 아니라, 하나님이 인간의 사고 체계와 한계를 뛰어넘어 역사하시는 분이라는 뜻입니다. 우리는 믿음을 어떻게 해서든 합리적으로 설명하고 이해하고 싶어 하지만, 믿음은 우리에게 있지 않습니다. 모든 원인과 결과가 하나님께 있듯이 믿음 또한 하나님께 있습니다.

하나님의 역사는 인간의 사고 체계로는 이해하기 어렵습니다. 세상일에는 원인과 결과, 즉 인과응보가 있게 마련인데 하나님이 우리를 구원하신 이유를 찾다 보면 우리에게서는 어떤 원인도 발견할 수 없습니다. 예수 그리스도의 십자가밖에는 구원의 원인을 설명할 길이 없습니다.

십자가 앞에 서면 우리는 스스로 구원받을 조건이 안 된다는 것을 인정할 수밖에 없습니다. 우리에게는 구원받을 만한 조건이 아무것도 없습니다. 그런데도 구원받는다니 이게 웬 은혜입니까? 이것을 어떻게 설명할 수 있겠습니까?

그에 비해 다른 종교는 합리적인 설명이 가능합니다. 특히 저는 불교 집안에서 자라서인지 불교는 매우 합리적인 종교라고 생각합니다. 도저히 이해할 수 없는 일들은 모두 전생의 업(業) 때문이라고 설명하고 이해하면 됩니다. '전생에 지은 죄가 많은 탓에 이생에서 이 고생하는구나'라고 생각하고 포기하거나 다음 생을 기약하며 체념하면 됩니다.

반면에 기독교는 하나님의 뜻이라고는 하는데 도저히 이해하기 힘듭니다. 이해 못하는 인생을 믿음을 가지고 가라고 합니다. 왜 주셨는지도 모른 채 살아가야 하고, 그냥 믿어야 합니다. 그러니 인간의 입장에선 믿음이란 얼마나 어려운 것입니까?

아브라함을 대하기 어려워 하는 이유는 하나님이 아브라함을 부르신 '특별한 이유가 없기 때문'입니다. 성경은 하나님이 그를 선택하여 '믿음의 조상'으로 만들어 가는 과정을 보여 줄 뿐입니다.

우리는 하나님이 아브라함을 불러서 이끄시는 과정을 통해 믿음이 무엇인지를 배우게 될 것입니다. 그러나 우리가 발견하게 될 것은 아브라함의 믿음이 얼마나 대단한지가 아닙니다. 하나님이 그에게 믿음을 심고 자라게 하시는 과정입니다.

믿음의 길을 내딛은 아브라함의 믿음은 이삭을 바치는 데서 절정에 이릅니다. 하나님이 아브라함에게 100세에 낳아 기른 귀한 아들 이삭을 번제물로 바치라고 하시자 아브라함은 이삭을 결박하고 칼로 찌르려고 했습니다. 그러자 하나님께서 다급하게 아브라함을 부르시며 "그 아이에게 네 손을 대지 말라 그에게 아무 일도 하지 말라 네가 네 아들 네 독자까지도 내게 아끼지 아니하였으니 내가 이제야 네가 하나님을 경외하는 줄을 아노라"(창 22:12)고 하셨습니다.

아니, 이런 쇼를 왜 합니까? 하나님은 아브라함이 실제로 이삭을 번제물로 바칠 줄 아셨을까요? 예, 알고 계셨습니다. 하나님이 아브라함을 '시험'하려고 부르셨는데(창 22:1), 여기서 '시험'이란 합격, 불합격을 판정하는 것이 아니라 '증명'하는 시험입니다.

즉 하나님께서 아브라함의 믿음을 증명하신 것입니다. "아브라함의 믿음이 이 정도야"라고 증명해 보이신 것입니다. 아브라함의 믿음이 뭐냐면 이삭을 바칠 수 있을 정도로 확고한 부활 신앙입니다. 히브리서에 보면, 아브라함은 하나님께서 이삭을 다시 주실 줄로 믿었습니다. 부활을 믿었습니다. 생명이 주께 있음을 믿었던 것입니다.

하나님께서 갈대아 우르를 떠나 믿음의 길에 들어선 아브라함을 여기까지 만드신 것을 보여 주신 겁니다. 우리는 아브라함의 위대함이 아니라 아브라함을 만드신 하나님의 위대함을 인정해야 합니다.

믿음은 End가 아닌 And이다

아브라함은 복의 통로입니다. 하나님이 보내신 곳에서, 하나님이 계신 곳에서 통로 역할을 하는 것입니다. 통로는 어떠해야 합니까? 깨끗해야 합니다.

제가 전도사 때 아이들한테 이런 설교를 한 적이 있습니다. 아이들에게 각자 집에서 그릇을 몇 개 가져오라고 하고 권사님 댁에서 예쁜 그릇을 몇 개 빌렸습니다. 그리고 가져온 그릇들 위에 뚜껑을 하나씩 덮어 두고, "맛있는 과일을 줄 테니 어느 그릇에 먹을지 선택하라"고 했습니다. 예쁜 꽃무늬 도자기, 평범한 밥그릇, 종이컵 따위가 있었습니다. 아이들은 모두 예쁜 도자기 그릇에 먹겠다고 했습니다.

도자기를 덮고 있던 뚜껑을 열자 아이들이 비명을 지르기 시작했습니다. 미리 그릇 안쪽에 오물을 묻혀 놓았기 때문입니다. 약속대로 아이들이 선택한 그릇에 과일을 담아 주겠다고 하자 절대 안 된다며 아우성을 쳤습니다. "그럼, 어느 그릇에 먹을래?" 하고 물으니 아이들이 이구동성으로 "종이컵이요!"라고 외쳤습니다.

"왜?"

"깨끗하잖아요."

이게 통로입니다. 모름지기 통로는 깨끗해야 합니다. 아브라함이 복을 흘려보내는 게 아닙니다. 아브라함은 하나님이 주신 복의 통로에 불과합니다. 하나님이 주신 복의 통로가 되기 위해서 하나님은 아브라함에게 먼저 본토 친척 아비 집을 떠나라고 하셨습니다. 떠나서 어디로 가라는 것입니까? 하나님이 지시하여 보내시는 곳으로 가라는 것입니다.

복의 통로는 세상 것으로 만들어지지 않습니다. 모든 족속들에게 축복이 흘러가게 하기 위해 믿음의 싸움을 계속해야 합니다. 이 싸움은 하나님을 닮아 가는 싸움입니다. 믿음은 하나님 앞에서 살아가는 거룩한 싸움을 하는 것입니다.

믿음은 나 하나에서 그치는 것이 아닙니다. 나 하나가 잘 믿고, 잘 살고, 잘 이루어서 천국에 가는 것이 신앙생활이 아닙니다. 이런 믿음은 세상이 추구하는 것입니다. 기독교의 믿음은 하나님을 닮아 가고 그분의 뜻을 좇는, 이 땅에서 사는 동안 끝이 없는 싸움입니다. 하나님은 믿음의 첫 세대, 아브라함으로부터 이삭과 야곱을 거쳐 지금의 우리에게까지 믿음의 역사를 이어 오셨습니다. 이 위대한 믿음의 삶이 우리 후손들에게도 계속 이어져야 할 것입니다. 그러기 위해서는 우리도 아브라함이 걸어간 믿음의 길을 이 시대 가운데 보여 줘야 합니다.

· · ·

믿음은 하나님을 닮아 가고

그분의 뜻을 좇는,

이 땅에서 사는 동안 끝이 없는 싸움입니다.

Part 1

끊어야
믿음이
생긴다

여호와의 말씀을 들은 아브람은
들은 대로 따라갔습니다.

Chapter 1

왜 아브람을
선택하셨나

철저히 끊어야 새로운 길을 갈 수 있다

창세기 12장에 들어가기에 앞서 먼저 해결해야 할 문제가 있습니다. 11장 말미에 "데라가 그 아들 아브람과 하란의 아들인 그의 손자 롯과 그의 며느리 아브람의 아내 사래를 데리고 갈대아인의 우르를 떠나 가 나안 땅으로 가고자"(창 11:31) 했다는 기록이 있는데, 12장에는 아브람이 "여호와의 말씀을 따라"(창 12:4) 하란을 떠나 가나안 땅으로 향했다고 기록되어 있습니다.

하나님의 말씀을 듣고 떠난 주체는 누구입니까? 데라입니까 아니면 아브람입니까? 언뜻 보기에는 마치 데라가 먼저 하나님의 말씀을 듣고 떠났다가 하란에서 죽고, 그 후에 그의 아들 아브람이 가나안을 향해 떠난 것처럼 보입니다. 하지만 실제로는 그렇지 않습니다. 그 증거를 사도행전에서 찾아볼 수 있습니다.

> 스데반이 이르되 여러분 부형들이여 들으소서 우리 조상 아브라함이 하란에 있기 전 메소보다미아에 있을 때에 영광의 하나님이 그에게 보여 이르시되 네 고향과 친척을 떠나 내가 네게 보일 땅으로 가라 하시니 아브라함이 갈대아 사람의 땅을 떠나 하란에 거하다가 그의 아버지가 죽으매 하나님이 그를 거기서 너희 지금 사는 이 땅으로 옮기셨느니라 (사도행전 7:2~4).

스데반은 메소보다미아(메소포타미아)에서 하나님의 음성을 들은 주체가 아브라함이라고 분명히 말합니다. 그런데 왜 창세기 11장 31절에는 데라가 들은 것처럼 기록하고 창세기 12장 1절에는 아브람이 들은 것처럼 이야기를 겹쳐 쓰고 있을까요? 이것은 유대인의 독특한 역사 기록 방식 때문입니다. 유대인들은 아버지가 살아 있는 동안에는 아버지를 중심으로 역사를 기록해 왔습니다. 즉 아버지가 역사의 대표성을 갖는 것입니다. 그 예로 창세기 25장부터 야곱이 등장함에도 불구하고 히브리 성경은 야곱의 역사가 아닌 이삭의 역사로 기록하고 있습니다.

> 아브라함의 아들 이삭의 족보는 이러하니라 아브라함이 이삭을 낳았고 (창세기 25:19).

아버지가 살아 있는 동안에는 그 자녀의 일이 모두 아버지의 역사로 기록되는 것입니다.

아브라함이 하나님의 말씀을 좇아 가나안을 향하여 갈대아 우르를 떠났을 때는 데라가 생존해 있었기 때문에 데라의 역사처럼 언급되었지만, 떠남의 주체는 분명 아브라함이었습니다.

아브라함의 떠남은 곧 믿음의 역사가 시작됨을 의미합니다. 따라서 하나님은 새로운 역사의 시작을 단절에서 시작하셨습니다. 즉 아브라함의 역사를 본격적으로 시작하기 위하여 데라를 끊어 낸 것입니다. 믿음의 역사에 데라가 참여하지 못하도록 잘라 낸 것입니다.

왜냐면 믿음의 삶과 세상의 삶은 다르기 때문입니다. 데라는 바벨탑을 쌓은 우상 시대에 속한 자이기에 아브라함은 하나님의 말씀을 좇아 믿음으로 본토 친척 아비 집을 떠나야만 했습니다. 하나님이 아브라함에게 떠나라고 요구하고 인도하신 길은 완전히 새로운 길이었습니다. 그 길은 아버지와 고향을 떠나고 철저히 끊는 데서부터 시작됩니다.

> 여호와께서 아브람에게 이르시되 너는 너의 고향과 친척과 아버지의 집을 떠나 내가 네게 보여 줄 땅으로 가라(창세기 12:1).

여기서 '가라'는 단어에는 '떠나서 다시 돌아가지 않는다'는 뜻이 담겨 있습니다. 즉 완전한 분리를 뜻합니다. 예수님이 "손에 쟁기를 잡고 뒤를 돌아보는 자는 하나님의 나라에 합당하지 아니하니라"(눅 9:62)고 말씀하신 것처럼 뒤돌아보지 않고 완전히 떠나는 것을 의미합니다. 새로운 길은 단절에서 시작됩니다.

들은 대로 따라가고 믿은 대로 제단을 쌓다

"너는 너의 고향과 친척과 아버지의 집을 떠나 내가 네게 보여 줄 땅으로 가라"(창 12:1)에서 가장 중요한 낱말은 동사 '떠나다'와 '가다'입니다. '떠나고 가는 것'이 바로 믿음입니다.

믿음의 역사는 삶의 근거를 떠나는 데서부터 시작됩니다. 고향과 친척과 아버지의 집은 힘의 근원, 가장 위로가 되는 곳, 안심이 되는 곳입니다. 그런데 그런 것들을 철저히 떠나라는 것입니다. 게다가 아브람은 갈대아 우르를 떠나 하란을 거쳐 가나안 땅으로 들어가야 했습니다.

당시 아브람이 살던 우르는 최고의 문명을 누리던 곳이었습니다. 유프라테스와 티그리스 강가의 청동기 초기 문명이 발상한 곳입니다. 대부분의 서민이 2층집에서 살았고, 중산층은 방이 열네 개쯤 되는 큰 집에 수세식 화장실까지 갖춘 문명을 누리던 곳이었습니다.

그에 비해 가나안은 문명의 빛이 미처 미치지 못하던 곳이었습니다. 따라서 문명의 보호에서 벗어나는 순간 목숨을 걸어야 했습니다. 비적(匪賊)이 날뛰는 야만의 공간이기 때문입니다. 오죽하면 아브람이 아리따운 아내 사래에게 누가 물으면 '누이'라고 하라고 했겠습니까? 아내라고 하면 여자를 취하기 위해 십중팔구 남편을 죽일 게 뻔하기 때문입니다.

여호와의 말씀을 들은 아브람은 들은 대로 따라갔습니다.

> 이에 아브람이 여호와의 말씀을 따라갔고 롯도 그와 함께 갔으며 아브
> 람이 하란을 떠날 때에 칠십오 세였더라(창세기 12:4).

아브람이 말씀을 따라갔다는 말에 믿음의 조상은 역시 다르다고 생각
할지도 모르겠습니다. 그러나 아브람은 당시 말씀만 '따라갈 수밖에' 없
는 상황이었습니다. 익숙한 곳을 떠나 생전처음 가보는 낯선 길을 가야
했기 때문입니다. 심지어 어디로 가야 할지도 모르는 상태에서 길을 떠
났습니다. 인도하시는 하나님을 붙잡지 않고는 갈 수 없는 길입니다. 이
것이 바로 믿음의 길입니다. 믿음은 안락함을 벗어나 한 번도 가보지 않
은 세상으로 들어가는 것입니다. 사람의 경험과 능력으로는 한 번도 가
보지 못한 곳, 경험해 보지 못한 곳, 오직 하나님의 인도하심이 아니면
갈 수 없는 곳이 믿음의 길입니다.

저는 여러 가지 이유로 중국을 자주 방문합니다. 그런데 할 줄 아는
중국어는 별로 없습니다.

"니하오(你好)." "셰셰(謝謝)." "짜이젠(再見)."

중국어를 몰라도 문제없이 다닐 수 있는 것은 오로지 가이드 덕분입
니다. 저는 가이드가 인도하는 대로 따라다닙니다. 먹는 것도 그가 저한
테 맞는 음식이라고 주문해 주는 것만 먹습니다. 중국에는 별 희한한 음

식이 많기 때문에 늘 조심해야 합니다. 한번은 후배가 귀한 손님에게만 내온다는 요리를 대접받았는데, 양의 눈알이었다고 합니다. 이렇게 세상에서도 내가 모르는 길은 가이드를 의존해야 하는데 하물며 사람의 경험과 능력으로는 알 수 없는 믿음의 길은 어떻겠습니까. 오직 하나님의 말씀만 따라갈 수밖에 없습니다.

믿음이란 신념이나 확신과는 다른 것입니다. '하나님이 아니면 안 된다는 것을 아는 것'이 바로 믿음입니다. 낯선 곳에 들어선 어린아이를 보십시오. 떨리는 손으로 엄마 손을 꼭 붙들고 껌딱지처럼 떨어지지 않습니다. 아이의 눈에는 낯선 어른들이 골리앗처럼 보일 것입니다. 그 세계에서 자기를 보호해 주고 이끌어 줄 사람은 엄마뿐이라는 것을 아이는 잘 알고 있습니다. 이것이 믿음입니다. 나를 인도하는 이가 누구이며, 나를 보호할 이가 누구인지를 아는 것입니다. 생명의 주권이 하나님께 있음을 아는 것입니다.

아브람이 그 땅을 지나 세겜 땅 모레 상수리나무에 이르니 그때에 가나안 사람이 그 땅에 거주하였더라 여호와께서 아브람에게 나타나 이르시되 내가 이 땅을 네 자손에게 주리라 하신지라 자기에게 나타나신 여호와께 그가 그곳에서 제단을 쌓고 거기서 벧엘 동쪽 산으로 옮겨 장막을 치니 서쪽은 벧엘이요 동쪽은 아이라 그가 그곳에서 여호와께 제단을 쌓고 여호와의 이름을 부르더니 점점 남방으로 옮겨 갔더라

(창세기 12:6~9).

마침내 가나안 땅으로 들어간 아브람은 세겜 땅 모레 상수리나무에 이르러 여호와께서 아브람에게 나타나셨던 곳에 제단을 쌓고, 벧엘 동쪽 산으로 옮겨 장막을 친 뒤에도 제단을 쌓고 여호와의 이름을 불렀습니다. 성경은 믿음의 길을 떠난 아브람의 삶의 특징을 그가 가는 곳마다 하나님을 위해 제단을 쌓았다고 기록하고 있습니다. 이는 바벨탑을 쌓은 세대와 믿음의 길을 가는 세대의 분명한 차이를 나타냅니다.

아버지 데라 세대는 바벨탑을 쌓은 세대입니다. 그런데 아브람은 바벨탑이 아닌 하나님을 위한 제단을 쌓았습니다. 아브람의 삶에는 하나님을 높이는 예배 문화, 제단 문화가 있습니다. 지금도 마찬가지입니다. 세상 사람들은 흩어짐을 면하고 자기들의 이름을 내기 위해 바벨탑 쌓기에 열중하지만, 그리스도인은 어디서든 하나님의 이름을 높이는 삶을 살아야 합니다. 그러나 결코 쉽지 않습니다. 죄라는 것이 아주 교묘하기 때문입니다. 죄란 입으로 하나님을 높이고 하나님께 영광을 돌리는 것 같지만 동시에 자기 것을 절묘하게 빼먹을 수 있는 능력이 있습니다. 겉모습은 그리스도인이고 입만 열면 하나님을 불러도 중심에 십자가가 없고 자기 자신이 왕좌에 앉아 있기 쉽습니다. 죄는 이토록 무서운 것입니다.

바벨탑을 쌓는 문화 속에서 아브람은 제단을 쌓고 하나님을 높이는 문화를 나타내기 시작했습니다. 가는 곳마다 하나님을 높이는 제단을 쌓고, 자기 자신을 드렸습니다. 아브람은 하나님께 제단을 쌓음으로 믿음의 길을 걸었으며 믿음의 흔적을 남겼습니다.

아브람의 처음 믿음은 어땠을 것 같습니까? 아브람의 믿음은 처음부터 대단했을 거라고 생각합니까? '그래도 아브람인데 우리와는 뭔가 다를 거야. 그러니까 하나님이 부르시지 않았을까?'라고 생각하는 사람들도 있습니다. 그러나 실은 그렇지 않습니다. 가는 곳마다 제단을 쌓고 여호와의 이름을 불렀던 아브람이지만 기근을 만나자 어떻게 했습니까? 하나님께서 인도하신 땅을 버리고 애굽으로 내려갔습니다.

> 그 땅에 기근이 들었으므로 아브람이 애굽에 거류하려고 그리로 내려갔으니 이는 그 땅에 기근이 심하였음이라(창세기 12:10).

살기 위해 애굽으로 가야 할 만큼 매우 심각한 기근이었습니다. 얼마나 심각했던지 나중에 이삭 시대에 닥친 기근을 아브라함 시대의 기근에 비유하기도 했습니다. 그러니 100여 년 만에 오는 기근이라면 얼마나 심각했겠습니까?

믿음의 길은 만사형통이 아닙니다. 믿음의 길은 세상의 길과 다릅니다. 그 길을 가는 것 자체가 쉽지 않을뿐더러 환란과 어려움이 기다리는 길입니다. 평상시에는 잘 모르지만 환란이 오면 믿음의 양이 드러나는 법입니다. 고난을 얼마큼 잘 견디는가에 따라 믿음의 크기를 가늠할 수 있습니다. 믿는 만큼 견딜 수 있기 때문입니다. 그런데 아브람은 문제가 터지자마자 하나님께 묻지도 않고 애굽으로 내려갔습니다.

이것은 아브람의 믿음의 한계이자 하나님의 언약의 위기이기도 합니다. 하나님이 선택하신 한 사람이 믿음의 위기를 맞자 그를 통해 나라를 이루려고 작정하신 하나님의 뜻을 저버리고, 애굽이라는 세상으로 내려가는 길을 선택했기 때문입니다.

아브람의 입장에서는 어떻습니까? 여호와께 제단을 쌓고 나아갔더니 하나님께서 놀라운 복을 선물해 주기는커녕 오히려 기근이 닥쳤습니다. 믿음 생활을 시작하자마자 위기가 찾아온 것입니다.

아브람이 믿음의 첫 세대임을 알아야 합니다. 그는 하나님의 음성에 반응하여 누구도 가보지 않은 길을 좇은 사람입니다. 좇으면서도 믿음이 부족하니까 아내 사래를 누이라고 속이는 따위의 잔머리를 굴립니다. 그러면서도 갈등합니다. 갈등한다는 것은 하나님을 인식하고 있다는 뜻입니다. 믿지 않는 사람은 갈등조차 할 필요가 없겠지요.

아브람이 믿음의 길을 걷기 시작하니 사탄의 공격도 시작되었습니다. 믿음의 길에는 공격이 있게 마련입니다. 사탄이 공격하지 않는 길이 어떻게 믿음의 길입니까? 환란이 없는 게 어떻게 믿음의 길입니까?

저는 신앙생활을 하자마자 어려움을 만나 "하나님이 계신 게 맞나요?" 하고 묻는 이들에게 이렇게 대답해 줍니다.

"맞아요."

"하나님이 내게 왜 이러실까요?" 하고 물으면 이렇게 대답합니다.

"바로 그것 때문에! 그 일만 생기면 하나님을 의심하고 원망하잖아요. 그것을 극복할 때까지 겪게 하실 겁니다."

잘 생각해 보십시오. 어떤 문제만 만나면 하나님이 계신가 안 계신가 회의에 빠지곤 하지 않습니까? 그게 바로 자신의 믿음의 양입니다. 바로 그 부분에서 하나님을 인정하지 않기 때문입니다. 하나님이 그 문제를 반복적으로 건드리시어 하나님이 내 문제보다 크신 분임을 알려 주시는 겁니다.

아브람이 애굽으로 내려가면서 한 가지 변화를 느꼈습니다. 두려움을 느끼기 시작한 것입니다. 전에는 몰랐던 영적인 두려움이었습니다. 살기 위해 애굽으로 내려갔는데 오히려 생명의 위협을 느끼기 시작했습니다.

왜 그랬을까요? 영적 이질감 때문입니다. 아브람이 애굽에서 배운 첫 번째 교훈입니다. 하나님의 길을 따라가다가 다시 세상길로 들어서니 전에 없던 영적인 두려움이 느껴지기 시작합니다.

아브람은 지역신을 믿는 시대를 살았습니다. 지역신이란 한국은 한국의 신이 다스리고 중국은 중국의 신이 다스린다고 믿는 겁니다. 즉 그 지역을 다스리는 신은 자신의 지역에서만 역사한다고 믿는 것입니다. 아브람도 아직 이 개념에서 벗어나지 못한 상태였습니다. 가나안 땅으로 인도하신 하나님을 뒤로하고 애굽으로 내려갔으니 애굽에는 당연히 애굽 신이 있을 것이라고 생각했겠지요. 그래서 두려웠던 것입니다. 그 때까지 아브람이 알던 상식으로는 국경을 넘는 순간 그의 생명이 하나님에게서 바로의 손으로 넘어가게 되기 때문입니다.

믿음의 크기가 삶의 한계를 만들어 냅니다. 믿음의 크기만큼 삶의 폭이 커지기도 좁아지기도 합니다. 하나님이 계시지 않다고 생각한 순간, 아브람은 그곳이 두려워졌고 세상에 반응해서 머리를 굴리기 시작했습니다.

> 그가 애굽에 가까이 이르렀을 때에 그의 아내 사래에게 말하되 내가 알기에 그대는 아리따운 여인이라 애굽 사람이 그대를 볼 때에 이르기를 이는 그의 아내라 하여 나는 죽이고 그대는 살리리니 원하건대 그대는 나의 누이라 하라 그러면 내가 그대로 말미암아 안전하고 내 목숨이 그대로 말미암아 보존되리라 하니라(창세기 12:11~13).

생명이 하나님께 있다는 것을 모르는 것이 아브람의 믿음의 한계였습니다. 타락한 사람은 늘 "어쩔 수 없었다"고 변명합니다. 에서도 배가 너무 고파 "내가 죽게 되었으니 이 장자의 명분이 내게 무엇이 유익하리요"(창 25:32) 하고 팥죽 한 그릇에 장자권을 팔아 버렸습니다.

자기가 죽게 될지 살게 될지 어떻게 압니까?

믿음의 크기가 좁아지면 그만큼 세상의 크기가 넓어집니다. 하나님을 놓치는 순간 바로의 능력이 더 커 보이고, 그에게 생사여탈권이 있어 보입니다.

그러나 하나님의 약속은 인간이 만들어 내는 것이 아닙니다. 언약의 성취는 인간의 실력으로 이루어지는 게 아닙니다. 하나님의 능력과 하나님의 약속으로 이루어집니다. 아브람은 애굽으로 내려갔지만 하나님은 그를 다시 가나안 땅으로 끌고 오시는 분입니다. 하나님의 손에 붙잡혔다는 것은 그분에게서 못 벗어나는 것을 뜻합니다. 하나님이 다시 끌고 오십니다. 아브라함이 이것을 경험합니다.

> 여호와께서 아브람의 아내 사래의 일로 바로와 그 집에 큰 재앙을 내리신지라 바로가 아브람을 불러서 이르되 네가 어찌하여 나에게 이렇게 행하였느냐 네가 어찌하여 그를 네 아내라고 내게 말하지 아니하였느냐 네가 어찌 그를 누이라 하여 내가 그를 데려다가 아내를 삼게 하였느냐 네 아내가 여기 있으니 이제 데려가라 하고 바로가 사람들에게 그의 일을 명하매 그들이 그와 함께 그의 아내와 그의 모든 소유를 보내었더라(창세기 12:17~20).

두 번째로 아브람이 애굽에서 배운 것은 하나님의 보호하심입니다. 살기 위해 잔머리를 굴렸다가 괜히 아내를 빼앗기기만 했는데, 하나님께서 바로를 직접 꺾어 버리시는 것을 목격한 것입니다. 아브람은 애굽에도 하나님이 계심을 배웠습니다.

믿음이 자라나기 시작한 것입니다. 자기를 부르신 하나님이 가나안 땅만의 하나님이 아니라 그 막강한 애굽 땅에서도 구하시는 하나님이라는 것을 배웠습니다.

나중에 야곱도 이와 비슷한 경험을 합니다. 야곱은 장자의 축복을 얻고자 에서인 것처럼 속여서 축복을 받지만 결국 에서를 피해 하란으로 도망가게 됩니다. 축복은 얻었지만 오히려 축복의 땅에서 자신이 도망치게 되는 비참함을 맛보게 됩니다. 도망치던 야곱이 벧엘에서 돌베개를 베고 잠이 들자 천사들이 사다리에서 오르락내리락하고 또 그 위에 계신 하나님을 보았습니다. 그때 야곱은 무어라고 고백했습니까? "여호와께서 과연 여기 계시거늘 내가 알지 못하였도다"(창 28:16)입니다. 그때 야곱은 하나님의 광대하심을 배웠습니다.

아브람은 애굽에서 두 가지를 배웠습니다. 하나는 영적 이질감이고 또 하나는 이방 지역에서도 하나님이 그의 인생을 이끌어 가신다는 것입니다. 환란 가운데 배운 것입니다. 아브람은 세상 한가운데서 역사하시는 하나님을 발견했습니다. 바로의 능력을 꺾고, 아브람을 다시 회복시키는 하나님을 봤습니다.

믿는 사람이 세상에서 불편감을 느끼는 것은 당연한 반응입니다. 반면에 롯은 이질감을 느끼지 못했습니다. 자신의 신앙이 얼마나 자랐는지를 점검할 수 있는 방법이 있습니다. 신앙생활을 열심히 하고 나서 세상 사람들이 먹고 마시고 노는 곳에 가보십시오. 세상이 너무 좋다면 신앙을 점검하셔야 합니다. 우리는 세상 속에서 살아가는 사람들이지만 세상에 동화될 수 없는 믿음의 길을 가는 사람들입니다.

그러나 하나님은 애굽에서 아브람을 만드시는 분입니다. 아브람이 애굽이라는 세상에서 믿음을 배웠다는 것을 기억하십시오. 믿음은 모름지기 세상, 즉 삶의 현장에서 배우는 것입니다. 비록 이질감을 느끼지만 그곳에서 하나님을 만나고, 하나님의 주권을 배우고, 하나님을 따라가는 법을 배웁니다. 이것이 바로 믿음의 길입니다. 이질감을 느끼며 고통과 고난과 두려움을 겪고 그 안에서 하나님의 역사를 만나면서 믿음은 자라는 것입니다.

왜 아브람인가

아브람을 선택한 것은 하나님의 주권이었습니다. 하나님은 아브람을 통해 모든 족속에 복을 흘려보내기로 작정하셨습니다.

문제는 모든 족속에게 복을 줄 수 있는 방법이 무엇이냐는 것입니다. 그 복의 통로가 누구냐는 것입니다. 하나님은 처음 믿음의 사람인 아브라함을 복의 통로로 선택하셨지만 그것을 완성시킬 이는 예수 그리스도이십니다. 예수 그리스도에게 이르는 믿음의 줄기는 인간의 혈통이나 능력에 있지 않고 오로지 하나님의 은혜에 있습니다. 그래서 이스마엘이 아닌 이삭을, 에서가 아닌 야곱을 선택하신 것입니다.

아브라함을 통해서 예수 그리스도로 가기를 하나님이 작정하셨기 때문에 아브라함은 세상의 씨가 아닙니다. 아브라함과 다윗의 자손을 통해서 예수 그리스도께 가는 것입니다. 아브라함은 다른 인류입니다.

예수 그리스도에게로 가는 이 믿음의 길은 사람의 열심과 노력으로 갈 수 없습니다. 오직 하나님의 주권과 섭리로만 가능합니다. 그래서 우리는 아브라함을 대단한 인물로 봐서는 안 됩니다. 아브라함을 선택하고 만들어 가신 하나님의 열심이 놀라운 것입니다. 믿음의 조상이라는 아브라함의 지위는 그가 그 만한 자격이 있거나 자신의 노력으로 얻은 것이 아니라는 겁니다.

아브라함이 대단한 이유는 단 하나입니다. 자기가 알지 못한 길을 하나님께서 인도하심으로 믿음의 길이 무엇인지를 자신의 인생 가운데 드러나셨다는 것입니다. 이 믿음의 길을 맨 처음 보여 준 사람이 아브라함입니다. 그리고 이 길은 아브라함에게만 주어진 길이 아닙니다. 아브라함처럼 부름 받은 모든 믿음의 후손들이 가야 할 길입니다.

그러기에 우리는 아브라함의 삶을 보고 배워야 합니다. 아브라함은 한 사람의 개인적 인생을 뛰어넘어 믿음의 길을 가야 하는 자들의 모델이 되기 때문입니다. 우리도 아브라함처럼 떠나야 합니다. 그래야 믿음이 자라고 하나님을 알아 갈 수 있습니다. 하나님께서 아브라함을 부르시고, 그와 언약을 맺으시고, 그를 이끌어 가신 것처럼 우리도 그렇게 이끌어 가실 것입니다. 믿음을 배우기 위해서는 떠나야 합니다.

아브람은 광야에 남았고,
롯은 물을 찾아 떠났습니다.

Chapter 2

하늘과 땅, 어느 쪽을 선택할 것인가

믿음의 길을 가던 롯, 세상을 선택하다

저는 성도들에게 성경을 읽을 때 본문의 시대 안으로 들어가라고 말합니다. 연극을 볼 때 상상하듯이 성경도 상상력을 발휘하면서 보면 더욱 재미있습니다. 또 성경 속으로 깊게 들어갈 수 있습니다.

드라마에서 별안간 새로운 인물이 부각되면 그가 앞으로 문제의 핵이 되리라는 것을 짐작할 수 있습니다. 마찬가지로 아브람의 이야기에서 갑자기 롯의 일행이 부각되는 것은 이제부터 롯의 문제가 벌어질 것임을 암시합니다.

아브람의 일행 롯도 양과 소와 장막이 있으므로 그 땅이 그들이 동거하기에 넉넉하지 못하였으니 이는 그들의 소유가 많아서 동거할 수 없었음이니라 그러므로 아브람의 가축의 목자와 롯의 가축의 목자가 서로 다투고 또 가나안 사람과 브리스 사람도 그 땅에 거주하였는지라 (창세기 13:5~7).

실제적인 문제가 벌어지기 시작한 것입니다. "그러므로 아브람의 가축의 목자와 롯의 가축의 목자가 서로 다투고"에서 '다투고'는 때로는 주먹질하고 싸우는 것도 포함됩니다. 모르긴 해도 꽤 격렬했을 것입니다. 게다가 "가나안 사람과 브리스 사람도 그 땅에 거주"하였으므로 문제는 더욱 심각했습니다.

아브람이 롯에게 이르되 우리는 한 친족이라 나나 너나 내 목자나 네 목자나 서로 다투게 하지 말자 네 앞에 온 땅이 있지 아니하냐 나를 떠나 가라 네가 좌하면 나는 우하고 네가 우하면 나는 좌하리라(창세기 13:8~9).

원문에는 "제발 원컨대 다투지 말자"는 표현이 포함되어 있습니다. 아브람의 정중한 표현입니다. 아브람이 조카 롯에게 신사적으로 부탁하고 있습니다.

그런데 그다음이 문제입니다. 원문에 따르면 아브람은 좌우 어느 쪽이든 한쪽을 정하면 반드시 떠날 것을 강조하고 있습니다. 땅이 비좁은데 만약 롯이 좋은 땅을 다 차지하고 나면 아브람은 어떻게 해야 합니까? 그의 말대로라면 무조건 떠나야 합니다. 이 또한 아브람의 위기이자 하나님의 위기이기도 합니다. 아브람의 성급한 제안으로 말미암아 롯이 가나안을 차지한다면 하나님의 약속이 성취되는 데 위기가 닥치니 말입니다.

땅이 비좁은 것을 아브람이 몰랐을까요? 아닙니다. 여기에 롯과 아브람의 차이가 있습니다.

> 이에 롯이 눈을 들어 요단 지역을 바라본즉 소알까지 온 땅에 물이 넉넉하니 여호와께서 소돔과 고모라를 멸하시기 전이었으므로 여호와의 동산 같고 애굽 땅과 같았더라 그러므로 롯이 요단 온 지역을 택하고 동으로 옮기니 그들이 서로 떠난지라(창세기 13:10~11).

선택권을 얻은 롯은 요단 온 땅을 봤습니다. 그는 세상의 풍요로움을 좇았습니다. 그가 보기에 그곳은 여호와의 동산 같고 애굽 땅과도 같았습니다.

그런데 여호와의 동산을 본 사람이 있습니까? 주일학교에서 그림 전시회를 열기 위해 아이들에게 각자 자기가 상상한 천국을 그려 보라고 했습니다. 어떤 아이는 다양한 로봇이 가득한 천국을 그렸고, 또 어떤 아이는 아름다운 꽃밭을 그렸습니다. 놀라운 점은 아이들이 그린 그림이 다 제각각이었다는 것입니다. 아무도 천국을 본 자가 없기 때문이지요. 또 한 가지 특징은 모두가 자기가 본 것 중에서 최고를 그린다는 것입니다. 천국을 묘사하기 위해서 아이들은 자기가 경험한 것들 중에서 가장 아름답고 좋은 것을 찾아 그렸습니다.

애굽에 내려갔다가 아브람은 영적 이질감을 느꼈는데, 롯은 동질감을 느끼고 돌아왔습니다. 롯에게 애굽은 여호와의 동산과도 같았습니다. 어쩌면 아브람을 따라 애굽을 떠나온 것이 못내 아쉬웠을지도 모릅니다. 그러나 아브람에게 애굽은 다시 돌아가고 싶지 않은 땅이었습니다.

그렇다면 롯이 구원을 못 받았을까요? 롯도 구원을 받았습니다. 그도 역시 부르심을 받은 관계 안에 있던 사람이기 때문입니다. 우리 식으로 말하자면 그리스도인이었던 것입니다. 아브람이 롯을 가리켜 "우리는 한 친족"(창 13:8)이라고 하지 않았습니까? 이것은 단순히 삼촌과 조카 사이를 가리키는 말이 아닙니다. 아브람은 롯을 본토 친척 아비 집을 함께 떠나온 신앙 공동체로 여겼습니다.

사람은 자기가 보기에 아름답고 좋아 보이는 것을 좇아갑니다. 롯에게는 애굽이 아름다운 곳이었고, 그래서 세상의 아름다움에 반응하기 시작했습니다. 믿음의 길을 가던 롯이 세상을 선택한 것입니다.

앎이 주는 여유, 나를 떠나가라

롯이 요단 지역을 선택하기 전까지 아브람은 그가 어느 땅을 선택할지 알 수 없었습니다. 그런데도 "네가 좌하면 나는 우하고 네가 우하면 나는 좌하리라"(창 13:9) 하는 배짱이 어디서 나왔을까요?

아브람이 기근을 피해 애굽으로 내려갔을 때 그만 두려움에 사로잡혀 아내를 누이라고 속였다가 곤혹스러운 처지가 된 적이 있습니다. 하지만 그 덕분에 깊은 구덩이에서 건지시는 하나님을 체험할 수 있었습니다. 그 덕분에 축복이란 현명한 선택에 있는 것이 아니라 하나님이 함께 하시느냐에 달려 있다는 것을 배웠습니다.

> 네 앞에 온 땅이 있지 아니하냐 나를 떠나가라 네가 좌하면 나는 우하고 네가 우하면 나는 좌하리라(창세기 13:9).

이것은 아브람의 고백입니다. 하나님이 계신 곳에 있는 것이 복이라는 사실을 깨달았다는 것입니다. 광야일지라도 하나님이 계시면 곧 샘물이 터지고, 소돔과 고모라 같은 화려한 도시일지라도 하나님이 안 계시면 멸망의 장소가 될 뿐임을 안 것입니다.

하나님을 얼마큼 의지하고 바라보느냐가 축복과 연결됩니다. 아브람이 그것을 본 것입니다. 하나님을 알기 시작했습니다. 믿음이 자라기 시작했습니다. 하나님이 복 주려고 작정하시면 복이 온다는 것을 알기 시작했습니다. 예전 같으면 싸웠을 아브람이, 기근 때문에 도망갔던 아브람이 하나님을 알기 시작하자 이전과 전혀 다른 선택을 하기 시작했습니다.

하나님이 붙잡는 자가 땅을 차지할 것이고 복을 받을 것입니다. 아브람은 하나님을 경험했고, 그만큼 믿음이 자라났습니다.

나중에 이삭도 비슷한 경험을 합니다. 가는 곳마다 우물을 팠지만 블레셋 사람들에게 계속 빼앗겼지요. 광야에서 우물은 생명과 직결되는 매우 중요한 것입니다. 그러나 이삭은 우물을 놓고 분쟁하지 않고 양보하고 다시 우물을 팠습니다. 그때마다 물이 터지자 아비멜렉이 "너는 여호와께 복을 받은 자니라"(창 26:29)고 이삭을 인정하기에 이르렀습니다. 이삭은 복이 하나님에게서 온다는 사실을 알았습니다.

> 롯이 아브람을 떠난 후에 여호와께서 아브람에게 이르시되 너는 눈을 들어 너 있는 곳에서 북쪽과 남쪽 그리고 동쪽과 서쪽을 바라보라 보이는 땅을 내가 너와 네 자손에게 주리니 영원히 이르리라 내가 네 자손이 땅의 티끌 같게 하리니 사람이 땅의 티끌을 능히 셀 수 있을진대 네 자손도 세리라 너는 일어나 그 땅을 종과 횡으로 두루 다녀 보라 내가 그것을 네게 주리라(창세기 13:14~17).

롯이 "눈을 들어" 본 것과 하나님이 아브람에게 "너는 눈을 들어" 바라보라고 한 것을 비교하시길 바랍니다. 아브람은 세상을 보지 않았습니다. 왜? 하나님이 자기를 넉넉히 이끌어 가실 것을 알았기 때문입니다. 롯이 떠난 뒤에야 하나님의 말씀을 듣고 눈을 들어 바라봤습니다. 이처럼 우리도 하나님이 주신 것을 바라봐야 합니다. 그것이 꿈이고 비전입니다.

롯은 아브람 곁에 있지 않음으로써 하나님의 비전에서 제외되었습니다. 롯의 가장 결정적인 실수입니다. 여기서 제외됨으로써 나중에 소돔과 고모라의 전쟁터에 끌려가는 수치를 당한 것입니다. 이때부터 롯은 수치의 역사를 쓰기 시작합니다.

하지만 롯이 자진해서 먼저 아브람을 떠난 것은 아닙니다. 땅이 부족했기 때문에, 상황이 안 돼서 아브람의 제안을 듣고 선택한 것뿐입니다. 그러나 그 선택이 어떤 결과를 낳을지 그때는 알지 못했습니다. 지금 우리의 선택도 마찬가지입니다. 어떤 결과를 낳을지 알 수 없습니다.

죄가 무엇입니까? '과녁에서 빗나가는 것'입니다. 윤리, 도덕으로만 죄를 보지 마십시오. 죄의 본질은 방향성입니다. 그래서 죄에서 돌이키는 '회개'는 180도 돌이키는 것을 의미합니다. 자기 뜻대로 살다가 하나님의 뜻대로 살기로 180도 돌이키는 것이 바로 회개입니다. 회개는 눈물 한 방울 없이도 할 수 있습니다. 의지로 방향을 돌이키는 것이기 때문입니다. 정확하게 하나님 쪽으로 방향을 트는 것입니다. 방향을 바꾸지 않고 울기만 하는 것은 '후회'에 지나지 않습니다.

아브람은 눈을 들어 하나님을 바라봤습니다. 이것이 믿음입니다. 하나님은 그런 그에게 땅의 티끌만큼 많은 자손을 약속하셨습니다.

물론 이 약속은 아브라함이 100세가 될 때까지 지연되었지요. 언약성취의 지연이 하나님이 계시지 않다는 증거가 될 수 없다는 것, 약속을 이루시는 하나님의 때가 있다는 것을 알아야 합니다. 하나님을 믿는다면 그 약속 또한 기다려야 합니다.

이에 아브람이 장막을 옮겨 헤브론에 있는 마므레 상수리 수풀에 이르러 거주하며 거기서 여호와를 위하여 제단을 쌓았더라(창세기 13:18).

여기서 '와우 계속법'(waw-consecutive)이 등장합니다. 히브리어로 '와우'란 '그리고'라는 뜻으로 그 동작이 계속 이어지는 것을 의미합니다. 18절을 히브리어로 직역하면, '그리고 그는 장막을 옮겼다. 그리고 왔다. 그리고 자리 잡았다. 그리고 거기서 여호와를 위하여 제단을 쌓았다'입니다. 이처럼 '그리고'를 단어 앞에 계속 붙여 사용하는 것을 와우 계속법이라 합니다. 이것은 동작이 계속해서 연결되어 이어지는 것을 강조하기 위한 문법입니다. 즉 아브람이 하나님의 말씀에 꾸준한 태도로 순종하는 모습을 나타냅니다.

기근을 피해 애굽에 다녀오는 동안 아브람 안에서 하나님께 순종하는 믿음이 자랐습니다. 환란과 역경 속에서 이질감을 느끼고 혼란스러워했지만 하나님의 보호하심을 체험한 덕분에 믿음이 자란 것입니다.

믿음이 자라면 여유가 생깁니다. 은혜를 받은 사람에게는 평강이 임합니다. 은혜를 받았다고 하면서 불안에 떨고 있다면 그것은 실제로 받은 것이 아니라 받았다고 믿는 것입니다. "믿습니다"를 강조하는 사람은 실은 믿지 않는 사람인 것과 같은 이치입니다. 믿고 싶은 것이죠. 땅의 일이야 어찌되든지 자기 인생이 변하지 않는다는 고백이 있을 때에야 평강이 임합니다.

아브람은 광야에 남았고, 롯은 물을 찾아 떠났습니다. 객관적으로 보면 롯이 더 좋은 것을 선택한 것 같지만, 결과적으로 하나님의 은혜를 경험한 것은 광야에 남았던 아브람입니다. 하나님이 아브람과 함께하셨기 때문입니다.

어마어마한 전쟁의 한복판에서

아브람은 롯과 결별한 후에 요단 온 땅에 평화가 임할 줄 알았습니다. 그런데 국제 정세에 변화가 일어나기 시작했습니다. 롯이 살고 있던 소돔과 고모라 지역에 변화의 바람이, 느닷없이 피바람이 몰려오기 시작한 것입니다.

> 당시에 시날 왕 아므라벨과 엘라살 왕 아리옥과 엘람 왕 그돌라오멜과 고임 왕 디달이 소돔 왕 베라와 고모라 왕 비르사와 아드마 왕 시납과 스보임 왕 세메벨과 벨라 곧 소알 왕과 싸우니라(창세기 14:1~2).

국제 정세가 바뀌면서 가나안 일대가 전쟁터가 되었습니다. 북방의 맹주(盟主) 네 왕과 남방의 다섯 왕이 싸운 것입니다. 당시 소돔은 사해 아래쪽, 즉 남방에 위치해 있었습니다.

북방과 남방이 4대 5로 싸우니 소돔이 속한 남방이 더 유리할 것 같지요? 그러나 남방의 다섯 나라는 작은 도시국가에 불과했습니다. 북방의 맹주, 엘람 왕 그돌라오멜 혼자서도 남방의 다섯 왕을 박살낼 수 있었습니다. 그런데 이렇게 큰 전쟁이 일어난 이유가 무엇입니까?

> 이들이 십이 년 동안 그돌라오멜을 섬기다가 제십삼년에 배반한지라
> (창세기 14:4).

그렇습니다. 남방의 다섯 나라가 12년 동안 조공을 잘 바쳐 오다가 13
년째 되던 해에 그만 배반하고 나선 것입니다. 다섯 나라뿐 아니라 남방
의 작은 나라들이 대대적으로 반란을 일으켰습니다. 때문에 북방의 맹
주 네 나라가 연합하여 한 번에 그 지역 전체를 평정하기로 하고 거대한
피바람을 일으키며 내려온 것입니다.

> 제십사년에 그돌라오멜과 그와 함께한 왕들이 나와서 아스드롯 가르나
> 임에서 르바 족속을, 함에서 수스 족속을, 사웨 기랴다임에서 엠 족속을
> 치고 호리 족속을 그 산 세일에서 쳐서 광야 근방 엘바란까지 이르렀으
> 며 그들이 돌이켜 엔미스밧 곧 가데스에 이르러 아말렉 족속의 온 땅과
> 하사손다말에 사는 아모리 족속을 친지라(창세기 14:5~7).

빗자루로 쓸어 버리듯 족속들을 '치며', 즉 '죽이며' 내려갔습니다. 그
전쟁 한복판에 롯이 있었습니다. 물이 넉넉하여 여호와의 동산 같아 보
인다며 아브람을 떠나 찾아갔던 곳입니다.
인간의 안목이 얼마나 부질없는지 아시겠습니까? 물이 넉넉해 보이

니 살기 좋아 보이지요. 하나님을 믿는다고 하면서도 우리의 눈은 여전히 육신의 정욕과 안목의 정욕과 이생의 자랑을 좇습니다. 실제로 그렇지 않습니까? 우리는 이것이 있어야 살고, 저것이 있어야 잘살 수 있다고 말합니다. 그걸 손에 쥠으로써 다른 것들을 잃을 수 있는데도 말입니다. 에덴인 줄 알고 갔더니 지옥이에요. 성공할 줄 알았는데 폭삭 망합니다.

저는 하나님 앞에서 뭔가를 결정할 때면 어머니의 말씀을 생각하곤 합니다. 인생을 오래 살아 본 사람만이 할 수 있는 말이 있지 않습니까? 제가 결혼한 후에 문중의 어른들을 뵙고 인사하기 위해 어머니와 함께 시골에 내려갔습니다. 오랜만에 문중의 어른들이 만나서 대화를 나누다 보면 자연스럽게 옛날의 즐거운 일이나 불미스러운 일들이 오고가게 됩니다. 과거를 모르는 우리는 그저 어른들의 이야기에 귀 기울이고 있는데, 어머니께서 친척어르신과 과거에 서로 다투었던 이야기가 나왔습니다. 그러자 어머니께서 웃으며 그러시더군요.

"지나고 나서 보면 아무것도 아닌데…."

이 말이 제 마음에 박혔습니다. 단순하지만 삶의 지혜가 담긴 말씀이지 않습니까? 진리의 문제가 아닌 것들, 이 땅의 문제들은 지나고 보면 정말 아무것도 아닙니다.

우리는 주님 나라에 갈 때까지 이 땅에서 믿음의 길을 가야 합니다. 지금은 이것 아니면 망할 것 같은 것이 있을지도 모르겠습니다. 롯처럼 세상의 낙과 즐거움에 빠질 수도 있습니다. '지나고 나서 보면 아무것도 아닌 것'을 위해서 애쓰지 마시길 바랍니다. 우리는 이다음에 주님 앞에 설 날을 바라보면서 믿음의 길을 가야 하는 사람들입니다.

소돔 왕과 고모라 왕과 아드마 왕과 스보임 왕과 벨라 곧 소알 왕이 나와서 싯딤 골짜기에서 그들과 전쟁을 하기 위하여 진을 쳤더니 엘람 왕 그돌라오멜과 고임 왕 디달과 시날 왕 아므라벨과 엘라살 왕 아리옥 네 왕이 곧 그 다섯 왕과 맞서니라(창세기 14:8~9).

하필이면 어마어마한 전쟁의 한복판에 롯이 서 있었던 것입니다.

싯딤 골짜기에는 역청 구덩이가 많은지라 소돔 왕과 고모라 왕이 달아날 때에 그들이 거기 빠지고 그 나머지는 산으로 도망하매 네 왕이 소돔과 고모라의 모든 재물과 양식을 빼앗아 가고 소돔에 거주하는 아브람의 조카 롯도 사로잡고 그 재물까지 노략하여 갔더라(창세기 14:10~12).

일본어 성경에는 '역청(瀝靑)'이 '아스팔트'로 번역되어 있습니다. 길이 35미터에 깊이가 5미터가 넘는 아스팔트처럼 끈적끈적한 천연 역청이 싯딤 골짜기에 가득했던 것입니다. 얼마나 끈끈한지 노아가 방주를 지을 때 물이 새는 것을 막기 위해 역청을 바르기도 했습니다. 소돔과 고모라의 군사들이 도망치다가 역청 구덩이에 빠져서 옴짝달싹 못하고 죽었습니다.

북방의 네 왕이 소돔과 고모라의 재물과 양식을 모두 빼앗고 사람들을 잡아갈 때 롯도 그 안에 있었습니다.

도망한 자가 와서 히브리 사람 아브람에게 알리니 그때에 아브람이 아모리 족속 마므레의 상수리 수풀 근처에 거주하였더라 마므레는 에스골의 형제요 또 아넬의 형제라 이들은 아브람과 동맹한 사람들이더라 아브람이 그의 조카가 사로잡혔음을 듣고 집에서 길리고 훈련된 자 삼백십팔 명을 거느리고 단까지 쫓아가서 그와 그의 가신들이 나뉘어 밤에 그들을 쳐부수고 다메섹 왼편 호바까지 쫓아가 모든 빼앗겼던 재물과 자기의 조카 롯과 그의 재물과 또 부녀와 친척을 다 찾아왔더라 (창세기 14:13~16).

헤브론에서 호바까지의 거리는 80킬로미터로 서울에서 강원도 홍천까지 정도 됩니다. 아브람은 조카 롯을 구하기 위해 이 먼 거리를 한달음에 달려갔습니다. 아무리 훈련된 자라고 해도 고작 318명으로 북방의 막강한 군사들에 맞선다는 것은 분명히 무모한 짓입니다. 그러나 아브람은 끝내 조카 롯과 롯의 재물과 가족들을 모두 되찾아 왔습니다.

이때가 바로 롯에게 주어진 두 번째 기회였습니다. 자기 안목으로 풍요로워 보이는 곳을 선택한 바람에 전쟁에 휘말리는 고난을 겪었음에도 불구하고 이번에도 그는 아무것도 배우지 못했습니다. 롯은 아브람을 따라가지 않고 소돔과 고모라로 향했습니다.

삶에 어려움이 닥쳤을 때 불평하는 것으로 끝내서는 안 됩니다. 하나님이 그 고난을 통해서 무엇을 가르치고자 하시는지를 보는 게 신앙의 지혜입니다.

만약에 롯이 아브람을 따라 하나님이 계시는 곳, 그래서 축복의 땅이 되는 광야로 돌아갔더라면 그는 놀라운 은혜를 경험했을 것입니다. 최소한 소돔과 고모라의 멸망 가운데 있지는 않았을 것입니다. 그러나 그는 다시 멸망의 도시로 돌아갔습니다. 이것이 롯의 두 번째 실수입니다.

한번은 제 아들들과 인생에 대해서 이야기한 적이 있습니다.

"하나님은 우리의 선택을 넘어서서 만들어 가시지만 잘못된 선택은 꼭 겪지 않아도 될 많은 아픔과 어려움을 배우게 할 수도 있다. 세상에는 유혹하는 것들이 너무 많고 때로 한 번의 실수가 삶에 치명타를 입히기도 한다. 그럴 때 자신을 하나님 앞에서 점검하고 하나님이 기뻐하시는 쪽을 다시 배우면 하나님께서 모든 것을 합력하여 선을 이루게 하실 거야. 부족해도 네가 좋은 쪽이 아니라 하나님이 기뻐하시는 쪽을 선택하기 바란다."

롯은 가지 말아야 할 곳에 들어감으로써 첫 번째 실수를 저질렀고, 멸망의 자리에서 구출되고 나서도 미련을 버리지 못하고 다시 돌아감으로써 두 번째 실수를 저질렀습니다. 두 번의 실수가 롯으로 하여금 더 끔찍한 경험을 하게 만들었습니다.

아브람은 고작 318명의 특공대를 움직여 남방의 다섯 왕도 이겨 내지 못한 북방의 네 왕에게서 조카 롯을 구해 냈습니다. 아브람과 318명의 실력이 출중해서일까요? 아닙니다. 하나님이 상황과 여건을 만드셔서 롯을 끄집어내게 하신 것입니다. 이 사실을 남방의 왕들도 알았습니다.

> 아브람이 그돌라오멜과 그와 함께한 왕들을 쳐부수고 돌아올 때에 소돔 왕이 사웨 골짜기 곧 왕의 골짜기로 나와 그를 영접하였고 살렘 왕 멜기세덱이 떡과 포도주를 가지고 나왔으니 그는 지극히 높으신 하나님의 제사장이었더라 그가 아브람에게 축복하여 이르되 천지의 주재이시요 지극히 높으신 하나님이여 아브람에게 복을 주옵소서 (창세기 14:17~19).

여기서 주목할 것은 뜬금없이 멜기세덱이라는 인물이 튀어나온 것입니다. 창세기 14장은 북방의 맹주들이 남방의 작은 나라들을 치는 전쟁 이야기가 중심입니다. 이 전쟁이 왜 일어났으며 롯이 왜 사로잡혀 갔는지, 그리고 아브람이 왜 이 전쟁에 뛰어들었는지에 대해서 보여 주고 있습니다. 아브람이 조카 롯을 구하고 북방의 맹주들을 쳐부수고 돌아올 때에 소돔 왕이 그를 영접하며 전리품 분배 문제를 거론하려는 장면에서 뜬금없이 멜기세덱이란 인물이 등장했습니다.

'살렘'은 '평화'라는 뜻으로 예루살렘의 옛 이름입니다. 그리고 멜기세덱은 '의의 왕'이란 뜻이지요. 즉 '살렘 왕 멜기세덱'이란 '의와 평화의 왕'이란 뜻입니다. 그런데 살렘이란 나라가 진짜로 있었는지, 어떤 나라 인지, 그가 어떻게 해서 지극히 높으신 하나님의 제사장이 되었는지에 대해서는 아무런 설명이 없습니다. 더욱 흥미로운 것은 아브람이 그에 게 전리품의 십일조를 드렸다는 사실입니다.

> 너희 대적을 네 손에 붙이신 지극히 높으신 하나님을 찬송할지로다
> 하매 아브람이 그 얻은 것에서 십분의 일을 멜기세덱에게 주었더라
> (창세기 14:20).

십일조는 단순히 십분의 일을 가리키는 것이 아닙니다. 십일조는 내 가 벌고 취한 것이 나의 능력에 의한 것이 아니라 하나님의 도우심으로 얻은 것임을 인정하는 표시입니다. 이것이 바로 십일조의 개념입니다. 세상 사람들은 자기의 노력과 능력으로 번다고 믿지만, 하나님의 사람 은 그렇지 않습니다. 왜 그렇습니까? 창세기 4장에서 가인이 아벨을 죽 인 사건을 보십시오.

> 땅이 그 입을 벌려 네 손에서부터 네 아우의 피를 받았은즉 네가 땅에서
> 저주를 받으리니 네가 밭을 갈아도 땅이 다시는 그 효력을 네게 주지 아
> 니할 것이요 너는 땅에서 피하며 유리하는 자가 되리라(창세기 4:11~12).

열심히 노력해도 안 되는 세상, 헛수고가 계속되는 세상이 된 것입니다. 그러므로 노력한 땀의 결실을 거둔다는 것은 곧 하나님의 은혜가 있음을 뜻합니다. 하나님이 우리로 하여금 열매를 거둬들일 수 있도록 도우신 덕분입니다. 그 도우심을 인정하는 행위가 바로 십일조입니다.

따라서 아브람이 의와 평화의 왕인 멜기세덱에게 십일조를 바친 것은 이 전쟁의 승리가 아브람과 318명에게서 나온 것이 아님을 인정한다는 뜻입니다. 십일조를 드림으로써 '하나님의 도우심으로 이 전쟁에서 승리했다'는 것을 고백한 것입니다. 실제로 하나님의 도우심이 없이는 결코 승리할 수 없는 전쟁이었습니다. 318명으로 북방의 맹주들을 물리친다는 게 가능한 일입니까? 아브람은 멜기세덱에게 십일조를 바침으로써 이 전쟁의 승리가 지극히 높으신 하나님께 있음을 인정했습니다.

어쩌면 아브람은 처음부터 알고 있었을 것입니다. 자기의 힘과 능력으로는 롯을 구출할 수 없다는 것을 말입니다. 그래도 달려갈 수 있었던 것은 자기의 능력을 의지하지 않고 하나님의 능력을 의지했기 때문입니다. 전쟁은 여호와께 속한 것임을 안 것이죠.

그런데 아브람이 스스로 제단을 쌓고 여호와께 전리품의 십분의 일을 드려도 되지 않았을까요? 별안간 멜기세덱이 등장해서 십일조를 받은 이유가 무엇입니까?

전쟁에서 돌아온 아브람 앞에 두 왕이 나타났습니다. 소돔 왕과 살렘 왕 멜기세덱입니다. 소돔 왕이 누구입니까? 땅의 왕입니다. 멜기세덱은 누구입니까? 지극히 높으신 하나님의 제사장이자 의와 평화의 왕입니다. 즉 하늘의 왕입니다. 바울은 히브리서에서 멜기세덱을 그리스도의 예표로 봤습니다.

> 이 멜기세덱은 살렘 왕이요 지극히 높으신 하나님의 제사장이라 여러 왕을 쳐서 죽이고 돌아오는 아브라함을 만나 복을 빈 자라 아브라함이 모든 것의 십분의 일을 그에게 나누어 주니라 그 이름을 해석하면 먼저는 의의 왕이요 그 다음은 살렘 왕이니 곧 평강의 왕이요 아버지도 없고 어머니도 없고 족보도 없고 시작한 날도 없고 생명의 끝도 없어 하나님의 아들과 닮아서 항상 제사장으로 있느니라(히브리서 7:1~3).

두 왕이 존재하는데, 한 왕은 땅에 속했고 다른 왕은 하늘에 속했습니다.

> 소돔 왕이 아브람에게 이르되 사람은 내게 보내고 물품은 네가 가지라 아브람이 소돔 왕에게 이르되 천지의 주재이시요 지극히 높으신 하나님 여호와께 내가 손을 들어 맹세하노니 네 말이 내가 아브람으로 치부하게 하였다 할까 하여 네게 속한 것은 실 한 오라기나 들메끈 한 가닥도 내가 가지지 아니하리라 오직 젊은이들이 먹은 것과 나와 동행한 아넬과 에스골과 마므레의 분깃을 제할지니 그들이 그 분깃을 가질 것이니라(창세기 14:21~24).

의와 평화의 왕인 멜기세덱에게 십일조를 드림으로써 아브람은 전쟁의 승리가 자기의 힘에 있지 않음을 고백하고 하나님의 도우심을 인정했습니다.

한편 소돔 왕은 아브람에게 사람은 자기에게 보내고 물품, 즉 전리품은 가지라고 말했습니다. 대규모 전쟁이었으니 전리품 또한 얼마나 많았겠습니까? 세상 왕인 소돔 왕이 그 많은 전리품을 주겠다는 것입니다. 아브람이 쫓아가서 빼앗아 온 전리품이기에 그것을 취하는 것은 당연했습니다. 하지만 아브람은 일언지하에 거절합니다. 이것이 아브람의 선택입니다.

만약에 그것을 취한다면 소돔 왕 덕분에 잘됐다는 소리를 듣게 될 것이고, 하나님의 도우심을 부인하는 것이 될 테니 거절한 것입니다.

2차대전에서 패망한 일본이 다시 일어난 것은 한국전쟁 때문이었다고 합니다. 한국도 베트남 전쟁으로 경제를 일으킬 수 있었다고 합니다. 아브람도 전리품으로 풍족한 삶을 살 수 있었을 것입니다. 하지만 아브람은 오직 하나님으로 인해 풍족하고 잘되는 인생이 되기를 바랐습니다. 땅의 왕으로부터는 아무것도 받지 않겠다고 했습니다. 왜냐하면 하나님이 승리하신 전쟁이기 때문입니다.

아브람의 태도는 단호했습니다. "손을 들어 맹세"할 정도로 절대로 받지 않겠다는 뜻을 분명히 했습니다. 예의상 하는 소리가 아니니 이 문제를 가지고 더 이상 설왕설래하지 말자는 것입니다.

아브람은 애굽에 내려갔을 때 지레 겁을 먹고 아내 사래를 누이라고 속였다가 큰 낭패를 당했지만 하나님이 그 일을 어떻게 바로잡아 주셨는지를 보았습니다. 롯이 요단 온 땅으로 떠나고 광야에 남겨졌을 때도 하나님께서 함께하심으로써 채워 주시는 것을 맛보았습니다. 덕분에 아브람은 이제부터 세상 것이 아닌 하나님의 것으로만 살겠다는 자부심을 갖게 되었습니다.

제가 신학교 학부를 다녔을 때 겪은 일입니다. 어느 집사님이 신앙생활을 하면서 신학생들을 돕겠다는 서원을 했는데, 기도할 때마다 제가 자꾸 떠오르더랍니다. 친척 중에도 신학생이 있었지만 집사님은 아마도 하나님의 뜻이 있을 거라고 보고 앞으로 제가 신대원을 졸업할 때까지 등록금을 대주겠다고 약속했습니다. 웬 은혜입니까? 이제 등록금 걱정을 안 해도 되게 생겼으니 말입니다. 그분은 등록금 고지서가 나오면 말하라고 하고선 갔습니다. 저는 그동안 후원해 주셨던 몇몇 분들에게 든든한 후원자가 생겼으니 이제부터 후원을 안 해 주셔도 된다고 인사하고 다녔습니다.

다음해 2월이 되자 고지서가 날아왔고, 저는 약속한 대로 그분에게 전화를 했습니다. 그런데 그분이 다시 기도하고 있다고 하더군요. 저희 가족이랑 잘 아시는 사이인데, 제 가족 중에 누군가가 그분을 굉장히 섭섭하게 했다면서 말입니다. 한마디로 당신의 기분을 달래 달라는 말이었습니다.

전화를 끊고 기도한 후에 며칠 있다가 그분을 찾아갔습니다. 아직 기도 중이라면서 말을 꺼내려고 하기에 먼저 양해를 구했습니다.

"먼저 제 마음을 말씀 드리고 나서 집사님의 말씀을 들었으면 좋겠습니다."

"그래요, 전도사님이 먼저 말하세요."

"지금부터 제가 드리는 말을 건방지다고 생각하지 마시고 전도사가 교회 집사님에게 드리는 말이라고 받아 주셨으면 좋겠습니다."

"그래요? 말해 보세요."

"제가 주의 종이 되려고 신학교를 간 것은 부족하나마 하나님의 영광을 위해서 살고자 했기 때문입니다. 그런데 제가 아는 하나님은 기도 중에 '누구에게 주어라' 하고 말씀하셨다가 별안간 '다시 생각해 보라'고 하시는 분이 아닙니다. 저에게 이것은 하나님의 이름이 걸린 중요한 문제입니다. 저는 하나님의 영광을 위해 살기로, 하나님이 주신 것만 가지고 살기로 작정한 사람입니다. 그런데 제 등록금 문제로 자꾸 하나님의 이름이 바람직하지 않게 거론되는 것이 부담이 됩니다. 그러니 약속하신 등록금 후원은 받지 않겠습니다. 그리고 혹시 앞으로도 다른 신학생을 후원하고 싶다면 담임목사님을 통해 조용히 후원하시든지 아니면 헌금함에 후원할 사람의 이름을 써서 넣으십시오. 그렇지 않으면 자신을 자랑하는 것밖에는 안 될 것입니다. 주의 종들도 사람인지라 사람을 통해 받으면 부담스럽습니다. 후원을 거절하게 되어 죄송합니다."

그렇게 선포하고 난 뒤 밖으로 나와서 하늘을 올려다보며 "하나님, 저 잘했죠?" 하고 웃었습니다. 그러나 다음 순간 후원자들에게 더 이상 후원할 필요가 없다고 말했던 것이 떠올라 앞길이 막막했지만 '그래도 하나님께서 채워 주시겠지'하고 생각했습니다.

하지만 등록 마감일이 코앞에 닥칠 때까지도 채워 주지 않으셨습니다. 사람들에게 등록금을 아직 못 냈다고 광고할 수도 없는 노릇이라 속으로 끙끙 앓기만 했습니다. 그러던 어느 날, 저한테 제자훈련을 받던 자매가 찾아와서 떨리는 목소리로 조심스럽게 말을 꺼냈습니다.

"오빠, 저를 교만하다, 주제넘다 생각하지 말고 제 얘기를 끝까지 들어주세요."

자기는 이미 등록금을 냈는데 생각지도 않은 장학금을 받게 되었다는 겁니다. 그래서 기도했더니 하나님이 제게 갖다 주라는 마음을 주셨다는 것입니다. 혹시 자신이 기도 응답을 감정으로 받았을까 걱정되었는지 자매는 제 눈치를 보며 얘기했습니다. 저는 깜짝 놀랐습니다. 정말 절실하게 등록금이 필요한 때였습니다. 저는 결국 후원이 끊겨서 기도 중에 있었다는 것을 털어놓았고, 그렇게 해서 가까스로 등록할 수 있었습니다.

그때 배웠습니다. 하나님이 채우신다는 것을요. 고난과 환란 속에서 배우는 것이 있습니다. 아브람도 전쟁에서 배웠습니다. 전쟁은 자신의 힘이 아니라 하나님께 속했다는 것을요. 그러니 전쟁을 두려워하지 마십시오. 고난이나 환란을 버텨 내시기 바랍니다. 오히려 하나님의 영광을 볼 수 있는 기회입니다. 하나님이 하셨다는 것을 드러내는 삶을 사시기 바랍니다.

오직 젊은이들이 먹은 것과 나와 동행한 아넬과 에스골과 마므레의 분 깃을 제할지니 그들이 그 분깃을 가질 것이니라(창세기 14:24).

아브람은 소돔 왕의 제안을 거절하고, 그와 함께했던 318명이 먹은 것과 동맹한 족속들의 분깃만을 요구했습니다. 다른 사람의 몫은 챙겨 주지만 정작 본인은 아무것도 취하지 않겠다는 것입니다. 믿음의 길은 단순히 물질적인 것만 얻는 것이 아닙니다. 세상적인 것을 넘어서 하나님이 하셨다는 것을 보여 주는 것입니다. 소돔 왕이 얼마나 놀랐을까요?

그런데 아브람의 거절은 소돔 왕에게 도움을 안 받겠다는 단순한 자존심을 넘어선 것이었습니다. 하나님이 주신 영적인 복과 은혜에 소돔 왕은 참여할 수 없다는 것을 분명히 했습니다. 세상의 것과 영적인 것이 함께할 수 없다는 것을 분명히 알고 하나님의 복에 소돔 왕의 참여를 거절한 것입니다. 세상을 상징하는 소돔 왕은 하나님과는 아무 상관도 없고 연결될 수도 없기에 그의 의사를 분명히 한 것입니다.

우리도 아브람과 같은 상황에 놓여 있습니다. 인생은 전쟁터이고, 당신의 삶 속에는 땅의 왕과 하늘의 왕이 함께 있습니다. 대적은 너무나도 강한데 우리가 가진 능력은 고작 318명이 전부입니다. 그러나 절대 한 번에 두 왕을 섬길 수는 없습니다. 어느 쪽을 선택하시겠습니까?

Part 2

육을 제거해야
믿음이
자란다

아브람은 하나님이
인생의 원인과 결과이심을 알고 믿었습니다.

Chapter 3

아브람, 믿음의 세계로 들어가다

나의 상속자는 누구니이까

멜기세덱에게 십일조를 바친 후에 별안간 환상 중에 여호와의 말씀이 아브람에게 임하였습니다.

> 이후에 여호와의 말씀이 환상 중에 아브람에게 임하여 이르시되 아브람아 두려워하지 말라 나는 네 방패요 너의 지극히 큰 상급이니라 (창세기 15:1).

첫마디가 "두려워하지 말라"입니다. 아브람이 두려워하고 있었다는 것이죠. 대체 그는 무엇을 두려워했을까요?

아브람에게는 두 가지 문제가 있었습니다. 하나는 아브람이 전쟁에서 승리하긴 했지만, 조카 롯을 구출했다뿐이지 북방의 맹주들을 섬멸한 것은 아니었습니다. 작은 나라들의 반란을 잠재우기 위해서 대규모로 내려온 연합군에게서 롯과 가족을 구출해 낸 것은 어쩌면 별로 큰일이 아니었습니다. 북방의 맹주들이 다시는 침략 전쟁을 벌이지 못할 정도로 커다란 타격을 입힌 것이 아니라는 뜻입니다.

국제 정세는 여전히 불안한데 아브람은 318명의 적은 인원으로 광야에서 살아가는 족속에 불과했습니다. 국가 간에 다시 전쟁이 일어난다면 이 인원으로는 역부족이었습니다. 하루하루가 불안할 수밖에 없습니다. 믿음의 길을 가고자 하는 아브람의 인생에 불안한 기운이 맴돌았습니다.

그러나 아브람의 내면에는 더 큰 불안이 자리 잡고 있었습니다. 하나님이 당신을 아브람의 "방패요 지극히 큰 상급"이라고 말씀하시니 이에 아브람이 고백합니다.

> 아브람이 이르되 주 여호와여 무엇을 내게 주시려 하나이까 나는 자식이 없사오니 나의 상속자는 이 다메섹 사람 엘리에셀이니이다
> (창세기 15:2).

하나님께서 아브람을 처음 부르셨을 때를 떠올려 보십시오.

내가 너로 큰 민족을 이루고 네게 복을 주어 네 이름을 창대하게 하리니 너는 복이 될지라(창세기 12:2).

말씀하신 대로 큰 민족을 이루려면 당연히 먼저 자녀가 있어야 하지 않습니까? 그런데 아브람에게는 단 한 명의 자녀도 주지 않으셨습니다. 약속은 있으나 이루어진 것은 아무것도 없었던 것입니다. 아브람은 불안했습니다. 그에게 자녀가 없다는 것은 곧 후대를 이을 자가 없다는 것이고 그렇게 되면 큰 민족을 이루리라는 약속은 성취될 수 없습니다. 따라서 아브람에게 후손의 문제는 매우 중요한 문제였습니다.

더구나 후손이 이어져야 창세기 3장 15절의 말씀이 성취될 수 있습니다.

내가 너로 여자와 원수가 되게 하고 네 후손도 여자의 후손과 원수가 되게 하리니 여자의 후손은 네 머리를 상하게 할 것이요 너는 그의 발꿈치를 상하게 할 것이니라 하시고(창세기 3:15).

구원의 역사가 이루어지려면 우선 후손이 이어져야만 합니다. 유대민족도 한민족 못지않게 가문의 대를 잇는 것을 중요하게 여겼습니다. 오죽하면 장자가 죽을 경우 그 동생이 형을 대신하여 형수와 동침하여 아들을 낳도록 하는 계대법(繼代法)이 있었겠습니까? 무엇보다도 후손이 이어져야 예수 그리스도와 접붙여지는 구원에 이를 수 있습니다.

따라서 아브람에게 가장 중요한 문제는 믿음을 이어 갈 후계자가 누구냐 하는 것이었습니다. 하나님의 부르심을 받은 자로서 이 땅에서 믿음을 이어 갈, 예수 그리스도의 계보로 이어질 후계자가 있어야 하는데 없으니 불안할 수밖에 없습니다.

"나는 자식이 없사오니"(창 12:2)를 의역하면 "나는 자식이 없이 가고 있습니다"라는 뜻입니다. 아브람이 한탄하듯이 내뱉은 말입니다. 당시에 자식이 없다는 것은 '벌거벗은 것같이 수치스럽고 고독한 상태'라는 뜻입니다. 하나님께서 약속하셨으나 이루어 주시지는 않는 그 약속에 대해서 아브람은 고독했고 불안했습니다.

아브람은 '다메섹 사람 엘리에셀'이 상속자가 될 형편이라고 아룁니다. 아브람은 갈대아 우르에서 하란을 거쳐 가나안으로 들어왔습니다. 아마도 하란을 떠나오던 중에 다메섹 부근의 부족민 중에서 엘리에셀을 만났을 것입니다.

> 그와 그의 가신들이 나뉘어 밤에 그들을 쳐부수고 다메섹 왼편 호바까지 쫓아가(창세기 14:15).

다메섹은 하나님이 약속하신 땅과 가까운 곳입니다. 그러나 약속하신 땅은 아닙니다. 잘못하면 하나님의 약속이 아브람에게서 이루어지지 못한 채 빗겨 가는 것은 아닌지 불안했습니다.

아브람이 또 이르되 주께서 내게 씨를 주지 아니하셨으니 내 집에서 길
린 자가 내 상속자가 될 것이니이다(창세기 15:3).

세상을 대표하는 소돔 왕의 전리품도 거절한 아브람입니다. 그런데
그의 표현을 빌리자면, 땅의 사람이 하나님의 약속을 이어야만 하는 상
황이 될지도 모르게 되었습니다. 왜 그렇습니까? "주께서 씨를 주지 아
니하셨기" 때문입니다.

아브람에게 "나는 네 방패요 너의 지극히 큰 상급"이라고 하신 분이
약속만 주고 자녀는 주지 않으셨습니다. 이것은 약속의 위반일까요? 아
닙니다. 지연되고 있을 뿐입니다.

이 '지연'이 아브람을 아브라함으로 만들어 갑니다. 성취의 지연으로
말미암아 하나님의 계시가 점점 더 선명해져 가고, 인간의 방법은 사라
져 가기 때문입니다. 일이 계속 잘되기만 하면 자신이 잘해서 잘된 것인
지 하나님이 역사하신 것인지 분별하기가 어렵지요. 그런데 뭔가 일이
잘 안 되고 지연되다가 이루어지면 하나님이 어떻게 이루셨는지가 분
명해집니다.

그런데 여기서 우리는 하나님의 생각과 인간의 생각이 얼마나 다른지
를 확인할 수 있습니다. 아브람은 후손이 없음을 한탄하는데, 정작 약속
을 주신 하나님은 후손에 대한 얘기는 않고 당신이 '상급'이라고 말씀하
십니다. 아브람에게 상급은 자녀가 아닙니다. 우리에게 상급은 자녀가,
성공이, 출세가 아니라는 말씀입니다. 하나님이 상급이십니다. 살아 계

신 하나님이 바로 상급이라는 것입니다. 왜 세상의 것으로 낙담하십니까? 하나님이 당신 스스로를 상급으로 내어 주셨는데 말입니다.

가끔 청년들이 저에게 묻습니다. 목사님은 힘든 청년 시절을 어떻게 이겨 냈느냐고요. 저는 청년 시절 세상적으로는 너무 막혀 있어서 하나님의 살아 계심 하나만 바라볼 수밖에 없었습니다. 세상을 보면 살아갈 용기와 희망이 안 보였기 때문입니다.

'하나님이 살아 계신다면 내 상황에도 이유가 있겠지. 신실하고 실수가 없으신 하나님께서 나를 그냥 연단하시지는 않겠지. 살아 계신다면 내 삶에 이유가 있겠지.'

"하나님이 살아 계시다"를 고백하면서 버틸 수 있었습니다. 하나님의 살아 계심은 상황의 좋고 나쁨으로 알 수 있는 것이 아니라 하나님 자체를 믿음으로 알 수 있습니다. 사람들이 언제 교회를 떠나는 줄 아십니까? 하나님이 안 계신다고 생각되는 순간입니다. 그런데 사람들이 언제 '하나님이 살아 계시다'고 감탄하는 줄 아십니까? 소망한 대로 이루어졌을 때, 큰돈을 벌었을 때, 안 될 줄 알았던 일이 성사되었을 때…. 그럴 때 "하나님께서 상을 주셨구나"라고 고백합니다. "살아 계시다"고 찬양합니다. 하나님의 살아 계심을 세상적인 성공으로 고백해서는 안 됩니다. 하나님은 로또가 아닙니다. 하나님의 얼굴을 보는 것이 아니라 손만 보고 있다는 증거입니다.

하나님의 손만 보는 사람은 하나님이 어떤 분이신지 모릅니다. 우리를 사랑하시고, 말씀하고 계시고, 화를 내시며 경고하시는 하나님의 얼굴을 보지 못합니다. 오로지 하나님이 나에게 무엇을 주실까 바라며 손만 쳐다볼 뿐입니다. 그러니 내 손에 쥐어지는 게 있으면 하나님이 계시는 것이고, 쥐어지는 게 없으면 하나님이 안 계신 것입니다.

그러나 생각해 보십시오. 하나님께서 뭔가를 이루신다는 건 그분이 살아 계시다는 방증이 아닙니까? 하나님이 살아 계시니까 하나님이 이루십니다. 100세 먹은 백발노인이 되더라도 하나님이 살아 계시다면 자녀를 주실 수 있습니다. 우리는 불가능해도 하나님은 가능하시지 않습니까? 하나님 자체가 방패요 지극히 큰 상급입니다.

믿음이 의가 되다

> 여호와의 말씀이 그에게 임하여 이르시되 그 사람이 네 상속자가 아니라 네 몸에서 날 자가 네 상속자가 되리라 하시고 그를 이끌고 밖으로 나가 이르시되 하늘을 우러러 뭇별을 셀 수 있나 보라 또 그에게 이르시되 네 자손이 이와 같으리라 아브람이 여호와를 믿으니 여호와께서 이를 그의 의로 여기시고(창세기 15:4~6).

아브람은 여호와를 믿었습니다. 이때 믿음이 처음 등장합니다. 성경에서 말하는 믿음이란 자기 신념과 확신이 아닙니다. 아브람이 고백한 믿음이란 '이제부터 자신에게 일어나는 모든 일들의 원인과 결과가 하나님께 있음을 알았다'는 것입니다.

하나님께서 이것을 의로 여기셨습니다. 성경에서 '의(義)'란 사람 자체의 의로움을 말하지 않습니다. "의인은 없나니 하나도 없다"(롬 3:10)고 했습니다. 문자적으로 '의(義)'란 '올바름', '곧음'이란 뜻으로 하나님과의 관계가 '곧고 바른 것'을 가리킵니다. 따라서 하나님 앞에서 의인은 하나님과 바른 관계를 맺고 있는 사람입니다. 만일 하나님과의 관계가 어긋난 사람이라면 그가 세상에서 성자(聖者)라고 칭송받는다 할지라도 그는 죄인입니다.

이신칭의(以信稱義)라는 개념이 비로소 등장하면서 아브람이 드디어 깊은 믿음의 관계로 들어갑니다.

믿음에 대해서 이야기할 때 주의해야 할 것은 '나는 하나님과의 관계가 올바른데도 왜 가난을 면치 못할까?'와 같은 질문입니다. 우리는 믿음과 세상적인 결과가 비례하기를 기대합니다. 그러나 아브람이 가졌던 믿음은 그런 게 아니었습니다. 하나님이 붙들고 계심이 그 자체로 방패요 상급이란 것을 깨달은 믿음입니다. 하나님이 실수가 없고 신실하시다는 것을 인정한 믿음입니다. 이것을 인정함에서부터 믿음이 자라기 시작합니다. 아브람이 그랬듯이 우리도 인생의 모든 원인과 결과가 하나님께 있다고 고백해야 할 것입니다.

믿음은 자기 확신이 아닙니다. 가장 크게 오해하는 부분이기도 합니다. 믿는다고 믿어지던가요? 믿음은 대상을 알기에 반응하는 것입니다. 하나님을 알아야 믿을 수 있습니다. 아브람의 믿음은 자기 확신에서 온 것이 아니었습니다. 아브람은 하나님이야말로 자신의 "방패요 지극히 큰 상급"이라는 것을 아는 순간 하나님이 믿어진 것입니다.

제가 다른 교회에서 집회를 할 때 믿음에 대해서 설명할 때면 꼭 쓰는 예화가 있습니다. 그 교회에서 가장 잉꼬부부 같은 사람을 선정해서 아내에게 묻습니다. "남편을 믿습니까?" 그러면 대부분 "믿는다"고 합니다. "남편이 다른 여자와 팔짱 끼고 가는 것을 목격해도 믿습니까?" 하면서 점점 강도를 세게 말하면 모두가 "안 믿는다"고 합니다. 믿음은 내 확신 이전에 상대가 믿을 만했기 때문에 믿는 것입니다. 즉 남편이 그동안 믿을 만한 삶을 살았기에 믿는 것입니다. 믿음은 내 확신 이전에 대상에 관한 겁니다. 아브람은 하나님이 어떤 분이신 줄 안 것입니다. 자신의 삶을 하나님께서 이끌어 가신다는 것을 알았다는 표현이 '하나님을 믿는다'고 말한 것입니다.

믿음이란 자신의 인생이 하나님 안에 잡혀 있음을 아는 것입니다. 비록 지금 어렵고 힘들더라도 하나님이 그 시작과 끝을 아시고 선한 길로 이끄심을 알기에 꺾이지 않고 나아가는 것입니다. 지금 후손이 없다고 해서 수치심을 느끼지 않는 것입니다. 지금 없는 것이 영원히 없는 것이 아님을 아는 것입니다. 약속하셨다면 성취하실 것이고, 지금까지 이끌어 오신 것처럼 하나님의 계획대로 이끌어 가실 것임을 알고 믿는 것입니다. 아브람은 하나님이 인생의 원인과 결과이심을 알고 믿었습니다.

또 그에게 이르시되 나는 이 땅을 네게 주어 소유를 삼게 하려고 너를 갈대아인의 우르에서 이끌어 낸 여호와니라(창세기 15:7).

"'나'는 이 땅을 네게 주어 소유를 삼게 하려고 갈대아 우르에서 이끌어 낸 '여호와'"라고 강조하셨습니다. "나는 여호와"라고 하실 때는 분명한 계시를 말씀하실 때나 또는 중요한 계시를 말씀하실 때입니다. 즉 계시의 주체가 누구인가를 선포하실 때 쓰는 표현입니다.

하나님이 모세에게 이르시되 나는 스스로 있는 자이니라(출 3:14).

여호와는 '스스로 있는 자'입니다. 이것을 의역하면 '나는 내가 되고자 한 그대로 되는 존재'라는 뜻입니다. 인간은 자기가 되고자 하는 대로 될 수 없는 존재입니다. 그러나 여호와 하나님은 마음먹은 대로 되실 수 있는 존재입니다. 그분이 아브람에게 땅을 주겠다고 하셨고, 그래서 갈대아 우르에서부터 이끌어 내셨습니다.

그가 이르되 주 여호와여 내가 이 땅을 소유로 받을 것을 무엇으로 알리이까 여호와께서 그에게 이르시되 나를 위하여 삼 년 된 암소와 삼 년 된 암염소와 삼 년 된 숫양과 산비둘기와 집비둘기 새끼를 가져올지니라 아브람이 그 모든 것을 가져다가 그 중간을 쪼개고 그 쪼갠 것을 마주 대하여 놓고 그 새는 쪼개지 아니하였으며 솔개가 그 사체 위에 내릴 때에는 아브람이 쫓았더라(창세기 15:8~10).

하나님이 언약을 보여 주기 시작하셨습니다. 쪼갠 고기 사이로 불이 지나가는 것은 고대 근동의 언약 의식입니다. 나라와 나라끼리 평화를 체결할 때 짐승을 갈라 놓고 그 사이를 두 왕이 지나갔습니다. 언약을 안 지키는 자는 이처럼 쪼개져 저주받을 것이라는 의미입니다. 그래서 '저주 언약'이라고도 합니다. 언약을 어기는 자가 저주를 받는 것입니다.

> 해 질 때에 아브람에게 깊은 잠이 임하고 큰 흑암과 두려움이 그에게 임하였더니(창세기 15:12).

먼저 하나님께서 아브람으로 하여금 깊은 잠에 빠지게 하셨습니다. 이 잠은 아담을 잠재우셨던 바로 그 잠입니다.

> 여호와 하나님이 아담을 깊이 잠들게 하시니 잠들매 그가 그 갈빗대 하나를 취하고 살로 대신 채우시고(창세기 2:21).

즉 하나님에 의해 깊이 잠든 것입니다. 아브람이 솔개를 쫓으며 기다리다가 꾸벅꾸벅 잠든 것이 아니라 하나님이 의도적으로 깊은 잠을 재우신 것입니다. 왜 깊은 잠을 재우셨을까요?

아담의 돕는 배필인 하와를 창조하실 때 아담을 깊이 잠재우신 가장 큰 이유는 하나님의 창조 역사에 아담이 관여하지 않도록 하기 위함이었습니다. 하나님은 아담이 깨어 있는 중에라도 아무런 통증 없이 갈비

뼈를 빼내실 수 있는 분입니다. 그런데도 굳이 잠재우신 것은 그로 하여금 하와의 창조에 참여하지 못하도록 하기 위해서였습니다. 때문에 하와의 창조 과정에 대해 아담은 할 얘기가 없는 것입니다. 이것은 하나님의 주권에 관한 문제입니다.

마찬가지로 이 언약 또한 하나님에 의한 일방적인 은혜 언약이라는 것을 분명히 하기 위하여 아브람을 완전히 잠재우셨습니다. 만약에 하나님이 초자연적으로 역사하지 않으셨다면 아브람은 무엇을 했을까요? 하나님이 오시기 전까지 솔개를 쫓고, 혹시 벌레들이 몰려올까 봐 조심했겠지요. 얼마나 많은 땀을 흘리며 정성을 다했겠습니까?

그래서 하나님이 아브람을 일찌감치 잠재우신 것입니다. 아담처럼 말입니다. 인간이 관여할 수 있는 여지를 아예 차단하셨습니다. 때가 되면 깨우실 것입니다. 하와를 만드시고 나서 아담을 깨우셨듯이….

아브람에게 임했던 큰 흑암과 두려움은 출애굽 때 홍해를 사이에 두고 애굽에 드리워졌던 흑암과 두려움과도 같은 것이었습니다.

> 애굽 진과 이스라엘 진 사이에 이르러 서니 저쪽에는 구름과 흑암이 있고 이쪽에는 밤이 밝으므로 밤새도록 저쪽이 이쪽에 가까이 못하였더라(출애굽기 14:20).

출애굽은 하나님의 일방적인 구원이었습니다. 그때에도 흑암과 두려움이 임했지요.

자식 없음을 호소한 아브람에게 여호와 하나님께서 약속하신 말씀을 다시 보겠습니다.

> 여호와의 말씀이 그에게 임하여 이르시되 그 사람이 네 상속자가 아니라 네 몸에서 날 자가 네 상속자가 되리라 하시고 그를 이끌고 밖으로 나가 이르시되 하늘을 우러러 뭇별을 셀 수 있나 보라 또 그에게 이르시되 네 자손이 이와 같으리라(창세기 15:4~5).

'뭇별'이란 '많은 별'이란 뜻의 복수형 단어입니다. 수요가 많음을 의미하는 동시에 뛰어난 능력이나 찬란한 업적을 뜻합니다. 하나님께서 아브람에게 하늘을 우러러 뭇별을, 즉 수많은 별들을 바라보게 하셨습니다. 그러면서 그에게 네 '자손'이 이와 같을 것이라고 말씀하셨습니다. 여기서 '자손'이란 여러 사람이 아닌 단 한 사람을 가리키는 단수형입니다.

뭇별이 복수면 자손도 복수여야 어울리지 않습니까? 그런데 뭇별을 바라보게 하시고는 그중에 별 하나만을 가리키며 "네 '자손'은 이와 같을 거야"하고 말씀하셨습니다. 이건 무슨 의미입니까? 뭇별 속에 언약의 한 사람이 숨어 있다는 뜻입니다.

뭇별 속에 숨은 한 자손이 누구일까요? 바로 예수 그리스도입니다. 아브라함도 예수 그리스도를 믿었을까요? 예, 믿었습니다. 어떻게 확신하느냐고요? 갈라디아서를 보겠습니다.

형제들아 내가 사람의 예대로 말하노니 사람의 언약이라도 정한 후에
는 아무도 폐하거나 더하거나 하지 못하느니라 이 약속들은 아브라함
과 그 자손에게 말씀하신 것인데 여럿을 가리켜 그 자손들이라 하지 아
니하시고 오직 한 사람을 가리켜 네 자손이라 하셨으니 곧 그리스도
라 내가 이것을 말하노니 하나님께서 미리 정하신 언약을 사백삼십 년
후에 생긴 율법이 폐기하지 못하고 그 약속을 헛되게 하지 못하리라
(갈라디아서 3:15~17).

사도 바울이 분명히 밝혔습니다. '오직 한 사람'을 가리켜 '네 자손'이
라 하였으니 그가 곧 '예수 그리스도'이십니다. 하나님께서 아브람에게
약속하신 뭇별처럼 많은 자손이란 단순히 양적으로 많음을 뜻한 게 아
닙니다. '오직 한 사람'은 단순히 아브라함의 후손이 아닌 인류의 구원
자 되시는 예수 그리스도를 가리킵니다. 이를 위하여 하나님께서 아브
라함을 선택하신 것입니다. 성경의 구조는 이렇습니다. 구약은 초림 예
수를 향하고 있습니다.

내가 너로 여자와 원수가 되게 하고 네 후손도 여자의 후손과 원수가 되
게 하리니 여자의 후손은 네 머리를 상하게 할 것이요 너는 그의 발꿈치
를 상하게 할 것이니라 하시고(창세기 3:15).

"뱀의 머리를 밟을 여자의 후손"은 예수 그리스도이심을 우리는 알고 있습니다.

또한 구약은 율법을 강조합니다. 율법이란 하나님의 구원을 받은 자에게 요구되는 자세와 실력입니다. 다른 말로 하자면 율법을 다 지켜 행해야만 구원받을 수 있다는 것입니다. 그러나 누구도 율법의 계명을 완벽하게 지킬 수는 없습니다. 계명을 지키지 못하면 구원을 받을 수 없으니, 결국 "누가 우리를 구원할꼬" 하고 메시아를 기다리게 되는 것입니다.

율법을 몽학 선생이라고 부르는 이유가 여기에 있습니다. 율법은 주님께로 인도하는 길을 가리킬 뿐입니다. 우리의 능력으로 감당할 수 있는 멍에가 아닌 것입니다. 그래서 메시아가 필요합니다.

그에 비해 신약은 다시 오실 예수님을 향하고 있습니다. 예수님은 평화의 왕으로서 예루살렘에 입성하실 때 나귀를 타셨습니다. 유대인들은 예수님이 하필이면 왜 나귀를 타고 들어오셨는지 알지 못했습니다.

만약에 예수님이 말을 타고 들어오신다면 어떻게 됩니까? 그것은 개선장군으로서 세상을 심판하러 오시는 것입니다. 요한계시록 6장은 예수님이 흰 말을 타고 심판자로서 오실 것이라고 기록하고 있습니다.

예수님이 다시 오실 때까지는 이 땅 가운데에 평화가 이루어질 수 없습니다. 성령이 역사하셔도 진정한 하나님의 나라가 이 땅에 이루어지지 않고, 기근과 전쟁이 끊이지 않으며 고난과 어려움이 계속됩니다. 그래서 우리는 고대합니다. 다시 오실 예수 그리스도께서 이 땅에 완전한 평화를 이루기 위해 죄악을 심판하며 주의 나라를 이루실 그날을 말입니다.

결국 아브라함의 자손은 이스라엘이란 한 민족을 넘어서서 예수 그리스도로 말미암아 완성될 것입니다. 이것이 아브라함을 선택한 이유이기도 합니다. 즉 아브라함을 믿음의 조상이라 할 때 두 가지 뜻이 있습니다.

첫째는 아브라함이 대표성을 지녔다는 뜻입니다. 즉 그는 모든 후손들을 위한 내비게이션 역할을 할 것입니다. 모든 믿음의 후손들이 아브라함과 같은 길을 걸어가야 한다는 뜻입니다. 둘째는 인류의 구원자이신 예수 그리스도로 이어지도록 하나님이 선택하신 사람입니다.

400년 후의 약속까지도 믿기다

하나님이 하나님의 사람을 만드시는 방법은 인간적인 방법과 다릅니다. 마치 정금을 연단하듯이 고통과 환란 가운데서 하나님의 사람으로 만드십니다.

> 여호와께서 아브람에게 이르시되 너는 반드시 알라 네 자손이 이방에서 객이 되어 그들을 섬기겠고 그들은 사백 년 동안 네 자손을 괴롭히리니 그들이 섬기는 나라를 내가 징벌할지며 그 후에 네 자손이 큰 재물을 이끌고 나오리라(창세기 15:13~14).

"반드시 알라"는 지금부터 계시할 내용을 분명히 알 뿐만 아니라 앞으로도 계속해서 기억해야 한다는 두 가지 의미를 담고 있습니다.

여기서 '괴롭히다'는 '억지로 일을 시키다. 복종케 하려고 애쓰다'라는 뜻입니다. 애굽에서의 고통을 가리킵니다. 실제로 출애굽기를 보면 이스라엘 백성들이 강제 노역으로 심한 고통을 겪었습니다.

"사백 년 동안 네 자손"이라고 하여 1대를 100년으로 봤습니다. 그러나 보통 한 세대를 30년으로 보니까 400년이면 10대 넘게 흘러간다고 봐야 할 것입니다. 여기서는 한 사람이 태어나서 살다가 스러지는 시간 전체를 100년으로 계산한 것입니다. 그래서 400년에 네 자손, 즉 4세대입니다.

400년이나 되는 긴 세월 동안 자손들이 이방에서 객이 되어 강제 노역을 하게 된다니 얼마나 두려운 말씀입니까? 그러나 여기서도 하나님의 세심한 배려를 발견할 수 있습니다. 나중에 아브라함의 후손들은 애굽에서 노예 생활을 했습니다. 예언이 성취된 것이지요. 하지만 하나님은 예언에서 굳이 애굽이라는 이름을 쓰지 않고 이방이라고만 하셨습니다. 기근 때문에 애굽에 내려갔다가 영적 이질감과 두려움을 느꼈던 아브라함에 대한 배려인 것입니다. 그가 얼마나 두려웠으면 자기 아내를 누이라고 속이기까지 했겠습니까?

가나안과 애굽과 소돔과 고모라를 오가면서 아브라함을 훈련시키셨듯이 하나님께서는 이스라엘 백성들을 하나님의 백성으로 만드시는 곳으로 놀랍게도 세상의 상징인 애굽을 선택하셨습니다. 그곳에서 400년

간 종살이를 하는 동안 하나님은 아브라함의 후손들을 하나님의 백성으로 만드실 것입니다.

그렇습니다. 하나님의 사람은 천국에서 만들어지는 것이 아닙니다. 세상 한복판에서 강제 노역을 당하면서, 세상으로 말미암아 고통당하면서 만들어져 갑니다. 안 믿는 가정에서 믿음의 사람이 만들어지고, 안 믿는 사회 속에서 믿음의 사람들이 만들어져 갑니다.

"왜 하필이면 이런 사람을 만나게 하셔서 저를 괴롭히십니까?"

이런 불평을 할 때가 있습니다. 그곳이 당신의 애굽입니다. 거기서 당신은 하나님의 사람으로 만들어집니다.

> 너는 장수하다가 평안히 조상에게로 돌아가 장사될 것이요 네 자손은 사대 만에 이 땅으로 돌아오리니 이는 아모리 족속의 죄악이 아직 가득 차지 아니함이니라 하시더니 (창세기 15:15~16).

'장수하다'는 '좋다, 아름답다, 즐겁다'로 번역되기도 합니다. 무조건 오래 사는 것이 과연 좋을까요? 거지처럼 빈궁한 채로 오래오래 살아야 한다면 어떻겠습니까? 하나님은 아브람에게 오래 살 뿐만 아니라 즐겁고 아름다운 삶을 살게 될 것이라고 약속하신 것입니다.

그 후에 하나님 안에서 평안히 조상에게로 돌아가 장사될 것입니다. 성경에서 '평안'은 '하나님과의 관계가 손상되지 않음'을 뜻합니다. '평강'으로 번역되는 '샬롬(shalom)'은 이 세상에 있는 평강이 아니라 하나님으로부터, 위로부터 오는 평강을 가리킵니다. 하나님과의 온전한 관계 안에서 평안한 삶을 누릴 수 있는 것이죠. 이런 삶이 가장 좋은 삶일 것입니다.

"아모리 족속의 죄악이 아직 가득 차지 않았다"는 것은 하나님께서 일방적으로 심판하지는 않으시겠다는 의지를 나타냅니다. 아모리 족속의 죄악이 가득할 때, 하나님의 심판이 가나안 땅에 내려질 것입니다. 하나님을 떠난 족속은 죄악의 끝으로 가게 되어 있습니다. 아모리 족속이 가득한 땅에 아브라함의 후손을 보내서 하나님의 나라를 만드십니다.

> 해가 져서 어두울 때에 연기 나는 화로가 보이며 타는 횃불이 쪼갠 고기 사이로 지나더라(창세기 15:17).

> 시내 산에 연기가 자욱하니 여호와께서 불 가운데서 거기 강림하심이라 그 연기가 옹기 가마 연기같이 떠오르고 온 산이 크게 진동하며 (출애굽기 19:18).

옹기 가마는 금속을 제작할 때 쓰이는 용광로 같은 것입니다. 출애굽기에서 이스라엘 백성들이 시내 산에서 십계명을 받을 때 쓰였던 그 표현이 그대로 아브람에게 벌어지고 있는 것입니다. 출애굽 때 이스라엘 백성에게 하나님이 불 가운데로 임하여 계명을 말씀하시며 언약을 맺으셨습니다. 400년 후에 이스라엘 백성을 애굽으로부터 이끌어내어 하나님이 언약을 맺으실 텐데, 이 언약을 아브람과 먼저 맺으시는 것입니다. 똑같은 표현과 상징을 사용해서 말입니다.

마치 400년 후에 있을 시내 산의 언약을 아브람에게 먼저 체험시키는 것만 같습니다. 왜 그렇습니까? 아브람이 하나님의 백성들의 첫 언약의 사람이기 때문입니다. 횃불 언약은 아브람 한 사람만을 위한 것이 아닙니다. 아브람으로 큰 민족을 이루시겠다는 약속이 실제로 실현될 언약입니다. 횃불 언약은 400년 뒤에 시내 산에서 이스라엘 백성들에게 똑같이 재현될 것입니다.

계약이란 본래 쌍방이 체결하는 것입니다. 그런데 아브람과 여호와 하나님 사이의 언약은 쌍방이 아닌 일방으로 이루어집니다. 왜냐면 아브람은 쪼갠 고기 사이를 지날 수 있는 자격이 없기 때문입니다. 그는 하나님과 계약을 맺을 만한 실력이 못 됩니다. 오직 하나님의 일방적인 은혜로써만 가능한 계약입니다. 아브람에게 계약에 충족되는 조건이 있어서가 아니라 하나님 편에서 일방적으로 해 주신다는 뜻입니다. 십자가 은혜도 일방적입니다.

그러나 하나님의 은혜로 일방적인 언약이 맺어지는 순간 쌍방적인 관계로 발전합니다. 언약을 맺을 자격은 안 되지만 하나님께서 조건을 제시함으로 쌍방 계약이 되는 것입니다. 쌍방 계약이 되려면 조건이 있어야 합니다. 예를 들어, 전세 계약을 하는데 세입자가 가진 돈이 없다고 하니 집주인이 은혜로 몇 십억짜리 집을 거저 계약해 준 겁니다. 이것이 일방적인 은혜입니다. 그런데 집주인이 거실 벽에 걸린 작은 액자는 건

드리지 않는 것을 계약 조건으로 제시합니다. 만일 세입자가 이 조건을 받아들이고 약속하면 계약이 체결됩니다. 그리고 이때부터 쌍방 간의 계약이 성사됩니다. 이제 세입자는 은혜로 그 집에 들어갔지만 벽에 있는 액자를 건드리지 않는 약속을 지켜야 합니다.

이것이 바로 '선악과'입니다. 하나님께서 일방적으로 조건을 내거신 것입니다. "선악과는 먹지 마라"는 말씀을 주심으로써 쌍방 계약이 된 것입니다. 자격 조건이 안 돼서 은혜로 줬지만 조건이 있습니다. 선악과를 먹지 않겠다는 약속을 지키는 것입니다.

하나님이 언약을 맺으실 때는 항상 하나님 당신이 주체입니다. "너희가 자격이 있어서 하는 게 아니라 내가 하는 것이다. 나는 여호와라. 나의 이름을 걸고 언약하노라" 하시는 것입니다. 따라서 하나님의 언약에 인간은 관여할 수 없습니다.

다만, 언약에 의해 말씀을 좇을 의무와 책임이 있음을 알고 순종한다면 쌍방적인 관계가 됩니다. 시내 산에서 이스라엘 백성들에게 율법이 일방적으로 주어졌습니다. 그러나 율법이 선포되는 순간부터 하나님도 언약에 영향을 받게 됩니다. 이스라엘이 말씀을 지키면 들어가도 복을 받고 나가도 복을 받을 수 있도록 보응해 주시는 것입니다.

횃불 언약은 '저주 언약'이라고도 불립니다. 이 언약을 지키지 않는 쪽이 저주를 받도록 되어 있기 때문입니다. 원래 '저주 언약'은 언약을 맺은 당사자 둘이 쪼갠 제물 사이로 지나가야 하는데 하나님만 지나가신 겁니다. 하나님 당신이 이 언약을 이행하지 않으면 스스로 저주를 받겠다고 하신 것입니다. 우리가 언약을 지킬 능력이 없음을 아시기에 하나님은 스스로 약속을 이루어 가십니다. 아브라함을 통해서 먼저 이 언약을 보여 주셨습니다. 아브람의 능력으로는 도저히 실현 불가능한 예언이요, 감당할 수 없는 계획입니다. 그런데 하나님은 "내가 하겠다"고 하셨습니다. 하나님은 스스로 약속을 이루어 가십니다. 아브라함을 통해서 먼저 이 언약을 보여 주셨습니다.

그래서 횃불 언약에서 하나님만이 쪼갠 고기 사이를 홀로 지나셨습니다. 아브람을 선택하신 하나님이 그의 자손을 하늘의 뭇별처럼 만드시겠다고 하셨고, 400년 동안 그들이 이방에서 객이 되어 종살이를 하게될 것이라고 하셨습니다. 그러나 때가 되면 그들을 이끌어 내어 약속을 성취하실 것입니다.

아브람은 400년 뒤에 성취될 예언마저도 믿음으로 받을 만큼 성장해 갔습니다.

· · ·

아브라함은 인류의 구원자이신

예수 그리스도로 이어지도록

하나님이 선택하신 사람입니다.

육적인 것으로 하나님께
영광을 돌리겠다는 생각은 하지 마십시오.

Chapter 4

육과 영은
공존할 수 없다

> 아브람의 아내 사래는 출산하지 못하였고 그에게 한 여종이 있으니 애
> 굽 사람이요 이름은 하갈이라(창세기 16:1).

고대 세계에서 여자가 출산하지 못한다는 것은 매우 수치스러운 일이
었습니다. 옛날에는 출산은 여자의 책임이라고 여겼기 때문입니다.

사래는 '출산하지 못한' 채로 수치스러운 삶을 살고 있었습니다. '출
산하지 못하였다'는 것은 다른 의미로 '기다리고 기다렸다'는 뜻입니다.
사래가 얼마나 기다리고 또 기다렸겠습니까? 하나님께서 자손을 주겠

다고 약속하셨는데도 아무리 기다려도 소식이 없는 것입니다. 결국 사래는 여종 하갈을 통해 자손을 얻을 생각을 합니다.

사래가 아브람에게 이르되 여호와께서 내 출산을 허락하지 아니하셨으니 원하건대 내 여종에게 들어가라 내가 혹 그로 말미암아 자녀를 얻을까 하노라 하매 아브람이 사래의 말을 들으니라 아브람의 아내 사래가 그 여종 애굽 사람 하갈을 데려다가 그 남편 아브람에게 첩으로 준 때는 아브람이 가나안 땅에 거주한 지 십 년 후였더라(창세기 16:2~3).

하나님의 분명한 약속이 있었지만 아브람과 사래의 현실은 약속과는 점점 더 멀어져 갔습니다. 가나안 땅에 거주한 지 10년째입니다. 75세에 약속을 주셨으니까 이제 85세가 되었습니다. 신체적으로도 이제 아이를 가질 만한 몸이 아니었습니다.

여기서 10년이라는 세월이 중요합니다. 유대 사회에서 10이란 완전수이기 때문입니다. 이것은 아브람과 사래가 가나안 땅에서 '기다릴 만큼 기다렸다'는 것을 의미합니다. 즉 인간적으로 할 만큼 다했다는 뜻입니다.

창세기 16장 2~3절은 창세기 3장의 선악과 사건과 매우 흡사한 히브리식 표현 방식을 보여 줍니다. 우선 "사래가 아브람에게 이르되"는 "여자가 뱀에게 말하되"(창 3:2)와, "아브람이 사래의 말을 들으니라"는 "네가 네 아내의 말을 듣고"(창 3:17)와, "사래가 그 여종 애굽 사람 하갈을 데려다가"는 "여자가 그 열매를 따먹고"(창 3:6)와, "그 남편 아브람에게 첩으로 준 때는"은 "(여자가) 자기와 함께 있는 남편에게도 주매"(창 3:6)와 각각 똑같은 동사와 주어를 사용하고 있습니다.

아브람이 어디서 하나님의 약속을 놓친 줄 아십니까? 첫 번째 사람 아담이 선악과로 말미암아 실패한 바 있습니다. 아브람도 믿음의 길을 잘 걷다가 이 지점에서 치명적인 실수를 저지릅니다. 똑같이 인간적인 방법을 찾은 것이지요. 성경 기자는 아브람의 죄가 어떤 것인가를 나타내기 위해 창세기 3장과 비슷한 표현 방식을 취했습니다. 여종 하갈을 통해서 자손을 이어 가겠다는 것은 육의 사건이며 죄의 사건임을 암시하는 것입니다.

사래는 남편에게 "여호와께서 내 출산을 허락하지 아니하셨다"고 말했습니다. 그러나 하나님의 결정이 어떠한지를 어떻게 이렇게 단정적으로 말할 수 있습니까? 여호와께서 출산을 끊으신 것이 아니라 아직 때가 되지 않았기 때문에 약속이 성취되지 않았을 뿐입니다. 그런데도 사래는 인간적으로, 자기 방식대로 하나님의 뜻을 해석하고 말았습니다. 신앙의 타락은 자의적 해석에서부터 시작됩니다. 하나님의 언약의 관점에서 바라보고 쫓지 않고 인간적인 관점으로 해석하고 그에 따르면 어떤 일이 벌어지는 줄 아십니까?

하와가 뱀의 말을 듣고 선악과를 봤을 때 어땠습니까? "먹음직도 하고 보암직도 하고 지혜롭게 할 만큼 탐스럽기도"(창 3:6) 했습니다. 그러나 마음에 유혹이 되었다고 해서 아직 죄를 지은 것은 아닙니다. 선악과를 먹기 전이기 때문입니다. 문제는 유혹을 이기지 못하고 생각이 바뀌는 바람에 하나님께 대적하는 죄를 짓게 되었다는 것입니다.

아브람도 사래의 말을 듣고 이제 더 이상 아이를 낳을 수 없을 것이라는 생각에 빠집니다. 결국 아브람과 사래의 믿음이 부족해서 생긴 사건입니다. 타락은 연약한 믿음, 믿음의 부족으로부터 시작됩니다.

하나님이 아직 허락하지 않으신 것을 영원히 주지 않으실 거라고 단정 짓는 것은 완전히 자의적인 생각입니다. 하나님의 역사를 인간의 한계로 제한하면 안 됩니다. 하나님의 때가 있음을 기억하십시오.

"하나님, 지금 내 나이가 몇인데요?"

"내 상황이 이런데요."

"공부할 수 있는 때를 놓쳐 버렸는걸요."

모두 우리의 때를 말할 뿐입니다. 우리의 때에 어떤 일이 벌어지면 놀랍게도 하나님의 이름이 드러나질 않습니다. 오히려 우리의 때에 사방이 막힌 다음에야 하나님께서 친히 이루시는 것을 볼 때 하나님의 영광이 드러납니다. 그래서 하나님의 때를 기다리라고 하는 것입니다.

이런 기도를 드리는 청년들이 꽤 많습니다.

"하나님, 제게 비전을 알려 주세요. 아직 비전을 받지 못해서 이렇게 헤맨답니다."

정말 그렇습니까? 당신의 방황이 비전을 모르기 때문입니까? 비전을 알면 안 헤맬 것 같습니까? 자신에게 주어진 비전을 알면 아마 기절할 수도 있습니다. 하나님이 당신에게 무엇을 시킬지 겁나지도 않습니까?

이게 정말로 비전의 문제일까요?

제 아내가 저를 처음 만났을 때, 자기는 절대로 목사 사모가 될 생각이 없노라고 말했습니다. 그러나 하나님이 '절대로' 깨부수시더군요. '절대로'라는 말은 하지 마십시오. 차라리 '지금은 아니다'라고 말하십시오. 그게 겸손한 태도입니다.

정말로 하나님이 말씀하지 않으셔서 방황합니까? 아닙니다. 하나님과 언약을 맺으면 지킬 것 같지요? 하나님이 말씀해 주시면 지키며 살 것 같지요? 이에 대해서 하나님께서는 이미 다 말씀해 주셨습니다.

> 이것을 너희에게 이르는 것은 너희로 내 안에서 평안을 누리게 하려 함이라 세상에서는 너희가 환란을 당하나 담대하라 내가 세상을 이기었노라(요한복음 16:33).

하나님은 우리 인생에 환란이 없다고 하지 않으셨습니다. "환란을 당하나 담대하라"고 하셨습니다. 왜 그렇습니까? 하나님은 환란보다 더 크신 분이기 때문입니다. 하나님의 말씀에서 진실로 힘을 얻는 사람이라면, 어떤 환란이라도 버티며 잘 이겨 나갈 것입니다. 그러나 만약 하나님의 약속을 놓아 버리면 타락하게 됩니다.

들나귀, 이스마엘을 낳다

> 아브람이 하갈과 동침하였더니 하갈이 임신하매 그가 자기의 임신함을
> 알고 그의 여주인을 멸시한지라(창세기 16:4).

아브람과 사래가 그토록 기다렸음에도 불구하고 하지 못했던 임신을
하갈은 한 번에 성공했습니다. 과연 사래의 선택이 옳았을까요? 어쩌면
아브람과 사래는 때를 잘 선택했다고 생각하며 하나님이 이스마엘을
주셨다고 여겼을지도 모릅니다.

그런데 하나님이 주신 겁니까? 아닙니다. 그렇다면 사탄이 준 겁니
까? 그것도 아닙니다. 그냥 아기를 가진 것입니다. 자연의 이치에 따라
아기가 생긴 것입니다. 하나님은 태초에 사람을 지으시고 "생육하고 번
성하여 땅에 충만하라"(창 1:28)고 축복하셨습니다. 이것은 남자와 여자
가 관계를 맺을 때 임신할 수 있다는 것이 전제된 축복입니다. 하나님은
하나님의 법칙을 깨지 않으십니다. 아브람과 하갈의 사이에서도 하나
님의 법칙이 적용되었을 뿐입니다.

다만 사래는 하나님이 자연적으로 아기를 갖도록 두시지 않고 특별히
하나님의 때에 갖도록 작정하셨기 때문에 태를 막으셨습니다. 사래에
게는 하나님의 특별한 계획이 있었습니다.

여종 하갈의 임신 사건은 하나님이 역사하지 않으셔서 생긴 것이 아
닙니다. 하나님의 때까지 기다리지 못한 인간의 조급함 때문에 벌어진

사건입니다. 창세기 16장부터 등장하는 이스마엘의 존재는 아브람이 한 실수 중에 가장 치명적인 것입니다.

아브람은 과거에 애굽에 내려가 아내를 넘기고도 오히려 부자가 되었습니다. 북방의 맹주들과 소돔 및 남방 다섯 나라의 전쟁에서 롯을 구해냈을 때도 명예를 얻었습니다. 하지만 이번만큼은 만회할 수 없는 실수를 저지르고 말았습니다. 그 대가가 매우 클 수밖에 없습니다. 이것 때문에 이삭을 위해서 이스마엘을 쫓아내야 했고, 그때부터 지금까지 이스마엘의 후손들과 끝없는 분쟁을 벌이고 있습니다. 아브람의 치명적인 실수 탓입니다.

그런데 이 치명적인 실수가 바로 하나님의 언약과 언약 사이에 들어가 있다는 것에 주목하십시오. 언약(창 15장 횃불 언약)과 언약(창 17장 할례 언약) 사이에 인간의 타락(창 16장 이스마엘 출생)이 들어가 있습니다. 그것도 하나님이 약속하시고 이행하지 않았기 때문에가 아니라 아브람과 사래가 하나님의 언약을 신뢰하지 못했기 때문에 벌어진 만큼 믿음의 부족을 드러내는 사건입니다.

어떤 죄는 가벼이 넘어가기도 하지만, 또 어떤 죄는 평생에 걸쳐서 치명적인 것이 있습니다. 의지적으로 저지른 죄가 가장 무서운 죄입니다. 연약함으로 인해 저지르게 되는 죄가 있습니다. 아직 믿음이 부족하고 자라는 단계에서 짓게 되는 죄입니다. 이런 죄는 습관적이거나 의지적이지는 않습니다.

하나님께서 바로잡고자 하시는 죄는 습관적인 죄입니다. 습관은 삶을 만들기 때문입니다. 반복을 통해서 습관이 되는데, 반복하여 저지르게 되는 죄의 습관이 어느새 삶이 되는 것입니다. 죄란 무서운 것입니다. 어디에서 어떻게 역사할지 모를 정도로 교묘합니다. 그래서 어떤 때는 죄를 짓고도 모를 때도 있습니다. 그러므로 반복되는 과정에서 짓는 죄는 더욱 경계해야 합니다.

아브람이 애굽으로 내려간 것은 부족함과 연약함 때문이었습니다. 그러나 하갈의 임신 사건은 하나님의 때를 기다리지 않고 인간적인 방법으로 멋대로 행한 결과입니다. 이런 죄는 치명적입니다. 의지적으로 저지르는 죄는 본인이 가장 잘 압니다. 자신이 의도적으로 사람에게 접근하고 있는지, 어떤 일을 도모하고 있는지, 누구보다 본인이 잘 압니다.

그럼에도 하나님은 왜(?) 막지 않으셨을까요? 하나님은 아브람의 실수를 넘어서서 하나님의 뜻을 이룰 수 있는 분이기 때문입니다. 하나님은 이 모든 것을 합력하여 아브람이 아브라함이 되게 하실 것이며, 믿음이 더욱 자라도록 인도해 가실 겁니다.

그러나 그 과정에서 아브람은 결국 '이스마엘'을 쫓아내야 하는 아픔을 겪게 됩니다. 분명히 하나님은 우리를 만들어 가시지만 그 방법과 과정은 우리의 삶과 연결되어 있습니다.

여종 하갈은 애굽 사람이라고 했습니다. 아브람이 애굽에 내려갔을 때 함께 데려온 여인이 아닐까 생각됩니다. 즉 바로가 풍성한 물품과 함께 여종을 하사하지 않았을까 합니다. 중요한 것은 하갈에게는 두 가지가 특히 강조되었다는 것입니다. 하나는 그녀의 신분이 여종이라는 사실입니다. 종의 자식은 종입니다. 또 하나는 애굽 사람이라는 것입니다. 애굽은 세상을 상징합니다. 하나님의 언약이 세상, 즉 애굽을 통해서 이루어질 리가 없습니다. 따라서 성경은 종이며 애굽 사람인 하갈에게서 난 아들이 결코 하나님의 언약을 이어 갈 수 없음을 강조하고 있습니다.

아브람이 왜 실수했는지 아십니까? 가나안 땅에서 십 년을 거하면서 인간의 한계를 본 것입니다. 이것이 문제입니다. 인간의 한계를 보는 대신에 그때까지 이끌어 주신 하나님의 언약을 봤더라면 그 같은 선택을 하지 않았을 것입니다.

하갈은 임신한 뒤부터 여주인 사래를 '멸시하기' 시작했습니다. 여기서 '멸시하다'는 '가볍게 여기다'라는 뜻 외에도 히브리어로 '저주하다'와 같은 의미로 쓰입니다.

어떤 일을 인간적으로 했는데 이루어졌다면, '역시 그렇게 하길 잘했구나'라고 속단하지 마십시오. 신속하고 형통하게 이루어졌다고 해서 모두 하나님이 도우신 일은 아닙니다. 아무 때나 하나님을 연결시키지 마십시오. 그게 진정한 도움인지 아닌지는 나중에 가봐야 압니다.

제 경험에 의하면 주로 제가 제 계획을 내려놓고 항복할 때가 하나님의 뜻이 이루어지는 때였고, 잘됐을 때가 연단의 때였습니다. 제 경우에는 그랬습니다. 나이 오십이 되기 전까지 하나님은 제가 머리 써서 하는 일들은 모두 다 엎어 버리곤 하셨습니다. 반대로 묵묵히 하나님을 기다리고, 준비한 것들은 결실을 맺게 하셨습니다. 사람마다 삶을 만지시는 내용이 다르니 자기만의 방식을 찾아야 할 것입니다.

다만 주의할 것은, 세상적으로 성공하고 형통해 보이는 것이 모두 은 혜가 아니라는 사실입니다. 우리를 타락시킬 수만 있다면 사탄은 우리에게 충분한 물질과 명예를 줄 것입니다. 하갈이 임신에 성공하자 아브람과 사래는 드디어 하나님께서 약속하신 자녀가 태어나는 줄로 알았을 것입니다. 그러나 보십시오. 사래에게 돌아온 것은 여종의 멸시뿐이었습니다.

> 사래가 아브람에게 이르되 내가 받는 모욕은 당신이 받아야 옳도다 내가 나의 여종을 당신의 품에 두었거늘 그가 자기의 임신함을 알고 나를 멸시하니 당신과 나 사이에 여호와께서 판단하시기를 원하노라 아브람이 사래에게 이르되 당신의 여종은 당신의 수중에 있으니 당신의 눈에 좋을 대로 그에게 행하라 하매 사래가 하갈을 학대하였더니 하갈이 사래 앞에서 도망하였더라 여호와의 사자가 광야의 샘물 곁 곧 술 길 샘 곁에서 그를 만나 이르되 사래의 여종 하갈아 네가 어디서 왔으며 어디로 가느냐 그가 이르되 나는 내 여주인 사래를 피하여 도망하나이다 여호와의 사자가 그에게 이르되 네 여주인에게로 돌아가서 그 수하에 복종하라(창세기 16:5~9).

하나님께서 하갈을 부르실 때, "사래의 여종 하갈"이라고 부르셨습니다. 하갈의 신분과 사래의 권위를 동시에 인정하신 것입니다. 그리고 여호와의 사자가 이렇게 묻지요.

"네가 어디서 왔으며 어디로 가느냐?"

이것은 선악과를 먹고 여호와 하나님의 낯을 피하여 동산 나무 사이에 숨었던 아담을 부르시는 하나님을 연상시킵니다. 그리고 동생 아벨을 죽인 가인을 부르시는 장면도 떠올리게 합니다.

여호와 하나님이 아담을 부르시며 그에게 이르시되 네가 어디 있느냐 (창세기 3:9).

여호와께서 가인에게 이르시되 네 아우 아벨이 어디 있느냐 그가 이르되 내가 알지 못하나이다 내가 내 아우를 지키는 자니이까(창세기 4:9).

여호와께서 아담이 숨은 것을 몰라서 "네가 어디 있느냐" 하고 물으신 게 아니지요. 아담이 하나님과 정상적인 관계에 있다면 숨을 필요가 없었습니다. 하나님과 관계가 온전하다면 숨을 이유가 없습니다. 즉 "네가 어디 있느냐"고 물은 것은 "지금 네가 있어야 할 곳에 있지 않은 이유가 무엇이냐?" 하고 묻는 것입니다.

이런 질문을 하갈에게 하신 것입니다.

"지금 네가 있어야 할 자리가 아닌데 왜 이곳에 있느냐? 네가 있어야 할 곳은 어디냐?"

"네가 학대를 받았으니 도망갈 수밖에 없었을 거야" 하고 위로하시는 게 아닙니다. 학대를 받더라도, 있어야 할 자리에 그대로 있으라는 말씀입니다. "네 여주인에게로 돌아가서 그 수하에 복종하라"(창 16:9)에서 '복종하다'는 '애쓰다, 괴롭다'라는 뜻입니다. 직역하면 '자신을 괴롭히다'라는 뜻이 있습니다. 6절에서 "사래가 하갈을 학대"하였다고 했을 때, '학대'와 같은 단어입니다. 이 말은 여주인 사래가 학대하더라도 '네 스스로 거기에 맞추려고 애쓰라'는 뜻입니다. 종이 상전을 넘보면 안 됩니다. 종의 아들이 상전의 아들의 지위를 넘봐서는 안 됩니다. 이것을 엄격하게 강조하고 있습니다. 왜 이것이 필요합니까?

여종 하갈이 여주인 사래를 멸시하는 한 하나님이 원하시는 아브라함의 선택받은 믿음의 가정이 될 수 없기 때문입니다.

그런데 사래는 왜 임신한 하갈을 학대했을까요? 사래는 신분의 차이를 분명하게 하고 싶었던 것입니다. 아브람도 비록 하갈이 임신에 성공했지만 사래의 신분을 넘을 수 없다는 것을 명확히 했습니다. 사래는 아브람의 명확한 태도를 확인하고 난 후에야 하갈을 학대했습니다.

언뜻 보면 사래가 잔인한 것처럼 보입니다. 그러나 과연 사래가 잔인한 것입니까? 성경은 육적인 공격에 대해서는 그냥 넘어간 적이 없습니다. 언제나 철저히 응징하곤 했습니다. 여리고 성을 무너트리고 나서 그 자리에 다시는 성을 쌓지 말라고 하셨습니다. 하나님이 무너트리신 육적인 것을 다시 세우지 말라는 뜻입니다.

아말렉과의 전쟁을 보십시오. 아말렉은 육을 상징합니다. 사울은 아말렉을 쳐서 진멸하라는 여호와의 말씀을 어기고 아말렉의 왕 아각을 살리고 기름진 소와 양을 남긴 탓에 결국 멸망의 길로 들어섰습니다. 육적인 유혹에 엄격하지 못했기 때문입니다.

반면에 다윗은 아말렉 청년이 와서 자기가 사울의 죽음을 도왔다고 말하자 처형합니다. 다윗으로서는 모험을 한 것입니다. 좋은 소식을 가져다주어도 죽임을 당한다면 누가 다윗의 편에 서겠습니까? 하지만 다윗은 기름 부음 받은 자를 죽인 죄를 묵과하지 않았습니다. 중요한 것은 바로 이때부터 그의 나라가 시작되었다는 것입니다.

우리는 육적인 것, 죄라는 것이 어떤 것인지 잘 모릅니다. 죄의 뿌리는 우리를 공격하게 되어 있고, 우리를 멸시하려고 합니다. 그래서 뿌리째 뽑아야 합니다. 잡초는 뽑아야지 베는 게 아니듯이 말입니다.

여종 하갈은 사래를 멸시해서는 안 되었습니다. 그것은 반역이나 다름없습니다. 누가복음 20장의 포도원 주인과 악한 농부들의 비유를 보십시오. 포도원 주인이 보낸 종들을 죽인 농부들이 주인이 보낸 아들마저 죽여 버렸습니다. 그래서 포도원 주인이 어떻게 했습니까? 진멸시켰습니다. 이걸 보고 무섭다고 하겠습니까? 주인의 아들까지 죽였다는 것은 그들 자신이 주권자가 되겠다는 뜻입니다. 반란이죠. 반란 세력을 진멸하는 게 잔인합니까? 잔인하지 않습니다. 육의 것이 제거돼야 영의 것을 바로잡을 수 있기 때문입니다. 육의 것과 영의 것은 공존하지 못하기 때문입니다.

여호와의 사자가 또 그에게 이르되 내가 네 씨를 크게 번성하여 그 수가 많아 셀 수 없게 하리라(창세기 16:10).

하나님은 여종 하갈에게 육적인 번성만 약속하십니다. 영적인 축복은 주지 않으셨습니다. 육의 아들에게는 땅의 것밖에는 얘기할 게 없습니다. 땅의 사람에게는 하늘의 것을 얘기할 수 없기 때문입니다. 그래서 하갈이 낳을 아이에게는 영적인 축복이 배제됩니다.

> 여호와의 사자가 또 그에게 이르되 네가 임신하였은즉 아들을 낳으리니 그 이름을 이스마엘이라 하라 이는 여호와께서 네 고통을 들으셨음이니라 그가 사람 중에 들나귀같이 되리니 그의 손이 모든 사람을 치겠고 모든 사람의 손이 그를 칠지며 그가 모든 형제와 대항해서 살리라 하니라(창세기 16:11~12).

여기서 들나귀는 당시 메소포타미아의 야생 나귀를 가리키는데 '빨리 달리다'라는 뜻도 있습니다. 자유분방하고 야성적인 삶을 표현한 것입니다. 자기가 원하는 대로 살아가고, 자기 고집대로 살아가는 사람을 보고 '나귀 같다'고 말하곤 합니다. 들나귀는 자유분방하기까지 합니다.

들나귀 같은 사람이란 하나님 앞에서 영적인 축복은 없고 인간의 본성에 따라 살아가는 축복만 있는 사람입니다. 즉 이스마엘은 육의 사람이라는 것입니다. 하나님의 약속과 본질적으로 다른 삶을 살아가는 자입니다.

하갈이 자기에게 이르신 여호와의 이름을 나를 살피시는 하나님이라 하였으니 이는 내가 어떻게 여기서 나를 살피시는 하나님을 뵈었는고 함이라(창세기 16:13).

하갈도 아브람 가족을 좇아 살다 보니 하나님에 대한 기본적인 영적 지식이 있었습니다. 덕분에 '나를 살피시는 하나님'이라고 고백할 수 있었습니다.

이러므로 그 샘을 브엘라해로이라 불렀으며 그것은 가데스와 베렛 사이에 있더라 하갈이 아브람의 아들을 낳으매 아브람이 하갈이 낳은 그 아들을 이름하여 이스마엘이라 하였더라 하갈이 아브람에게 이스마엘을 낳았을 때에 아브람이 팔십육 세였더라(창세기 16:14~16).

성경에서 3과 7과 10은 완전수입니다. 12라는 수도 굉장히 중요합니다. 히브리인들은 하늘의 숫자를 3, 땅의 숫자를 4로 생각했습니다. 그래서 하늘(3)과 땅(4)을 더하면 '완전'(7)이 나오고, 하늘과 땅을 곱하면 '충만'(12)이 나옵니다. 히브리인들에게 3과 7과 10은 매우 중요한 숫자입니다.

이스마엘을 낳았을 때에 아브람의 나이가 86세입니다. 86은 별다른 의미가 없는 숫자입니다. 그런데 나중에 이삭을 낳을 때가 100세로 10 곱하기 10, 즉 완전수 곱하기 완전수입니다. 여기서도 이스마엘의 탄생이 하나님의 계획하심에는 의미가 없는 사건임을 알 수 있습니다. 하나님께는 별 가치가 없는 사건이었습니다.

> 아버지나 어머니를 나보다 더 사랑하는 자는 내게 합당하지 아니하고
> 아들이나 딸을 나보다 더 사랑하는 자도 내게 합당하지 아니하며(마태복
> 음 10:37).

'내게 합당하지 않다'는 것은 '내게 가치가 없다'는 뜻으로 해석할 수 있습니다. 무엇이든 누구든 하나님보다 더 높이는 대상이 있다면 하나님을 향한 사랑은 가치가 없습니다. 우선순위가 바뀜으로써 의미가 없어지고 가치가 없어지는 것입니다. 하나님께는 육의 씨가 가치가 없습니다.

따라서 육적인 것으로 하나님께 영광을 돌리겠다는 생각은 하지 마십시오. 하나님께는 가치가 없습니다.

> 그 날에 많은 사람이 나더러 이르되 주여 주여 우리가 주의 이름으로 선
> 지자 노릇 하며 주의 이름으로 귀신을 쫓아 내며 주의 이름으로 많은 권
> 능을 행하지 아니하였나이까 하리니 그때에 내가 그들에게 밝히 말하
> 되 내가 너희를 도무지 알지 못하니 불법을 행하는 자들아 내게서 떠나
> 가라 하리라(마태복음 7:22).

주의 이름으로 어떤 선한 일을 했더라도 주님은 '불법을 행하는 자'라

고 부르십니다. 가치가 없기 때문입니다. 그렇다면 무엇이 하나님께 가치 있을까요? 하나님의 방법대로 행하는 것입니다.

왜 사래의 이름도 바꾸셨을까

> 아브람이 구십구 세 때에 여호와께서 아브람에게 나타나서 그에게 이르시되 나는 전능한 하나님이라 너는 내 앞에서 행하여 완전하라 (창세기 17:1).

아브람이 99세 되던 때부터 하나님께서 일을 시작하셨습니다. "나는 전능한 하나님이라"라는 선포는 앞으로 일어날 일들의 주체가 하나님이심을 미리 밝힌 것입니다. 하나님이 행하신다는 것을 먼저 얘기하고 시작합니다.

"너는 내 앞에서 행하여 완전하라"는 우리에게 완벽을 요구하는 말이 아닙니다. 우리는 완벽할 수 없는 존재니까요. 중요한 것은 하나님 '앞에서' 행하라는 것입니다.

신학교 때 한국어가 서툰 한 교수님이 시험을 볼 때마다 학생 스스로 답안을 체크해서 학점을 매기도록 했습니다. 대신 학점을 기록할 때는 반드시 앞에 '하나님 앞에서'라고 쓰도록 했습니다. 욕심 같아서는 A+를 쓰고 싶지만 '하나님 앞에서'를 쓰고 보면 절대 그럴 수 없었습니다.

하나님 앞이기 때문에 함부로 할 수가 없는 것입니다.

99세 때 할례의 언약을 맺고, 드디어 아브람과 사래가 아브라함과 사라로 이름이 바뀝니다.

> 보라 내 언약이 너와 함께 있으니 너는 여러 민족의 아버지가 될지라 이제 후로는 네 이름을 아브람이라 하지 아니하고 아브라함이라 하리니 이는 내가 너를 여러 민족의 아버지가 되게 함이니라(창세기 17:4~5).

> 하나님이 또 아브라함에게 이르시되 네 아내 사래는 이름을 사래라 하지 말고 사라라 하라 내가 그에게 복을 주어 그가 네게 아들을 낳아 주게 하며 내가 그에게 복을 주어 그를 여러 민족의 어머니가 되게 하리니 민족의 여러 왕이 그에게서 나리라(창세기 17:15~16).

히브리인들에게 이름은 곧 그의 본질을 가리킵니다. 즉 이름이 바뀐다는 것은 그의 본질이 바뀐다는 것을 의미합니다. 아브람과 사래에서 아브라함과 사라, 열국의 아버지와 어머니로 그 존재가 바뀌었습니다. 그리고 사라에게서 이삭을 낳겠다고 다시 약속하셨습니다.

하나님이 당신을 왕 같은 제사장으로 부르셨습니다. 당신을 부르신 목적이 있는 겁니다. 세상 영광을 추구하고, 세상을 위해 살아가는 것은 당신이 아니어도 세상 사람들이 다 합니다. 하나님의 부르심을 놓치면 안 됩니다. 하나님께서 이삭을 얘기하기 전에 아브람과 사래의 이름을 바꾸고 재언약을 맺으셨습니다.

왜 아브람을 아브라함으로 바꾸고, 할례를 행하게 하시고, 사래를 사라로 바꾸셨을까요? '사래'는 '공주'라는 뜻입니다. 아마도 갈대아 우르에 있을 때 좋은 신분으로 매우 잘살았을 것입니다. 사래가 갈대아 우르를 떠나는 것은 쉽지 않은 일이었습니다. '아브람'은 '존귀한 아버지'란 뜻으로 사래와 마찬가지로 존귀한 대접을 받고 살았을 겁니다. 그런 그가 가진 것을 놓고 떠난다는 것은 굉장한 결단입니다. 내 나라에서 뿌리내리고 잘 살고 있는데, 왜 이민을 가겠습니까? 대개 사업이 망하거나 일이 잘 안 될 때 떠나는 법입니다.

사래의 이름이 사라로 바뀌었습니다. '사라'는 '왕비, 여왕'이란 뜻입니다. '민족의 여러 왕'을 낳을 자는 여왕이죠. '아브라함'은 '열국의 아버지'로서 자신의 존귀함을 넘어서 열국을 존귀하게 만드는 자로 부름 받았습니다. 아브라함과 사라를 부른 목적은 그들을 통해서 왕들이 나오게 하는 것입니다.

열국의 아버지가 되는 아브라함에게 "너는 여러 민족의 아버지가 될지라", "너를 여러 민족의 아버지가 되게 함이니라"라고 4절과 5절에서 두 번이나 반복하여 "여러 민족의 아버지"를 강조하셨습니다. 12장에서 아브람에게 처음으로 주셨던 축복을 떠올려 보십시오.

내가 너로 큰 민족을 이루고 네게 복을 주어 네 이름을 창대하게 하리니 너는 복이 될지라 너를 축복하는 자에게는 내가 복을 내리고 너를 저주하는 자에게는 내가 저주하리니 땅의 모든 족속이 너로 말미암아 복을 얻을 것이라 하신지라(창세기 12:2~3).

이 축복이 17장에서 더욱 확대되었음을 알 수 있습니다.

내가 너로 심히 번성하게 하리니 내가 네게서 민족들이 나게 하며 왕들이 네게로부터 나오리라(창세기 17:6).

창세기 12장에서 아브람에게 처음으로 주셨던 축복이 17장에서 더욱 확대된 것을 알 수 있습니다. 아브람에서 아브라함으로 이름이 바뀌면서 계시가 어떻게 확대되었습니까? '큰 민족'에서 '왕들이 나오는 민족들'로 확대되었습니다. 또 이 언약은 아브라함 한 사람과만 맺은 언약이 아니라 후손과도 맺은 '영원한 언약'이며 이후로 하나님은 아브라함뿐만 아니라 후손들의 하나님이 되실 것입니다.

그런데 왜 굳이 아브라함의 아내 사라의 이름까지도 바꾸셨을까요? 아브라함과 사라가 믿음의 1세대로서 동일한 지위를 갖기 때문입니다. 즉 하나님이 약속하신 다음 세대를 이어 가는 일에 부부가 동등한 위치라는 것입니다. 그래서 하나님은 아브라함과 사라를 부르셨습니다.

그런데 이때 아브라함의 반응이 어땠습니까?

아브라함이 엎드려 웃으며 마음속으로 이르되 백 세 된 사람이 어찌 자식을 낳을까 사라는 구십 세니 어찌 출산하리요 하고 아브라함이 이에 하나님께 아뢰되 이스마엘이나 하나님 앞에 살기를 원하나이다 (창세기 17:17~18).

"이스마엘이나 하나님 앞에서 살기를 원한다"를 직역하면 "이스마엘이 하나님의 얼굴 앞에 있으면 좋겠습니다"입니다. 이것은 그동안 하나님이 이스마엘에게는 얼굴을 비치지 않으셨다는 반증이 됩니다.

옛날 양반가에서는 서자에게 아무런 권리도 주지 않았습니다. 가문을 이을 자손이 아니기 때문에 인정받지 못했던 것입니다. 아브라함은 그동안 하나님이 이스마엘을 적자로 인정하시지 않는다는 걸 느낀 것입니다. 아마도 이스마엘이 자라는 13년 내내 하나님께 제사를 드릴 때 하나님의 침묵을 통해 본능적으로 느꼈을 것입니다. 아브라함은 큰아들 이스마엘을 후계자로 삼고 싶었습니다.

"하나님, 이 아이를 좀 봐주십시오. 이스마엘이나 돌아봐 주십시오. 100세 된 자가 어떻게 아이를 낳겠습니까?"

이것은 아브라함의 믿음의 한계를 드러내는 모습입니다. 그의 믿음은 아직 더 자라야 함을 성경이 드러내고 있는 것입니다. 하나님께서 원하시는 것만큼 자라지 않았습니다.

아브라함이 이스마엘을 얘기하니까 하나님께서 단번에 잘라 버리셨습니다. 이것은 아무리 아브라함이라도 하나님의 주권과 섭리에 관여하는 것은 인정하지 않겠다는 의미입니다. 하나님의 언약은 '이스마엘'

이 아니라 '이삭'임을 분명히 하셨습니다. 그러나 하나님께서는 비록 육의 씨지만 아브라함의 마음을 이해해서 이스마엘에게도 육적인 축복을 허락하셨습니다.

믿음의 길에서 가장 조심해야 할 것 중에 하나는 하나님을 주도하지 않는 것입니다. 저는 청년 때부터 기도원에 가서 기도하곤 했습니다. 그때 "여호와의 보좌를 흔드는 기도"라는 말을 처음 들었습니다. 그리고 꽤 여러 번 기도의 열심을 강조할 때마다 "여호와의 보좌를 흔듭시다"라는 말을 들었습니다. 그러나 이것은 하나님이 어떤 분이신지, 누구신지를 모르고 하는 소리입니다. 왕이 누구인지를 모르는 것입니다. 우리는 하나님의 보좌를 흔들어서는 안 됩니다. 하나님의 보좌 앞에서 굴복하고 순종하는 것이 성도의 모습이어야 합니다. 자신의 기도 제목을 하나님께 맡기고 점검 받아야지 주장해서는 안 됩니다.

> 여호와라 여호와라 자비롭고 은혜롭고 노하기를 더디하고 인자와 진실이 많은 하나님이라(출애굽기 34:6).

하나님이 왕이십니다. 하나님이 주권자이십니다. 이것을 기억하시기 바랍니다. "내가 보는 이스마엘에게 하나님의 눈이 있기를 원합니다"가 아니라 "하나님의 눈이 있는 곳에 내 눈이 있기를 원합니다"라고 고백해야 합니다. 하나님은 '이스마엘'을 이야기하는 아브람에게 "내가 네 기도를 들었다. 이스마엘도 열두 두령을 낳아서 큰 민족이 될 것이다.

그러나 내 언약은 사라가 낳은 이삭을 통해 이루어질 것이다"라며 이스마엘이 아닌 아직 태어나지도 않은 이삭을 보라고 하십니다. 하나님이 가리키는 것을 바라보는 게 바로 성도의 모습입니다.

하나님은 아브람의 이름을 아브라함으로 바꿔 주시고 인간의 한계에 얽매어 있는 그를 드러나게 하셨습니다. 그래도 아브라함은 어느 누구보다 낫습니다. 그는 하나님을 의심하거나 하나님의 반대편에 서지는 않았으니까 말입니다. 아직 연약할 뿐이지 계속 성장해 가고 있는 중입니다. 아브라함은 하나님의 큰 계획 안에서 믿음이 계속 자라고 있습니다.

하늘문은 혈통이 아닌 언약으로 열린다

아브라함은 믿음의 씨앗입니다. 이제부터 아브라함은 모든 열국의 아버지가 됩니다. 그를 통해서 믿음이 열국으로 흘러갈 것입니다. 그래서 하나님의 재언약이 아브라함에게 필요했습니다.

> 하나님이 이르시되 아니라 네 아내 사라가 네게 아들을 낳으리니 너는 그 이름을 이삭이라 하라 내가 그와 내 언약을 세우리니 그의 후손에게 영원한 언약이 되리라(창세기 17:19).

하나님께서 아브라함과 세운 언약을 이삭과도 세우겠다고 말씀하십니다. 태어나지도 않은 이삭과 세우겠다고 하십니다. 하나님의 일방적인 통보입니다. 아브라함과 상의 안 하시겠다는 것입니다. 하나님의 언약에 있어서 감히 아브라함이 낄 수 없음을 분명히 밝히셨습니다. 하나님의 언약은 하나님의 문제입니다. 하나님의 열심이 이루십니다.

그래서 할례로 넘어가는 것입니다. 할례는 아브라함뿐만 아니라 후손들이 하나님의 언약의 백성이 되는 상징과 표징이 되기 때문입니다. 이 언약은 아브라함 때 지키고 후손 때 바뀌는 언약이 아니라 영원한 언약입니다. 하나님의 언약에는 영원성과 불변성이라는 특징이 있습니다. 그 영원토록 지키는 언약을 가시적으로 보여 주는 것이 바로 할례입니다. "너는 내 앞에서 행하여 완전하라"(창 17:1)고 하면서 그 이후에 하나님이 '내 언약'을 수 없이 강조하십니다. 하나님 앞에서 완전한 삶은 하나님의 언약과 긴밀하게 연결되어 있음을 알아야 합니다.

> 너희는 포피를 베어라 이것이 나와 너희 사이의 언약의 표징이니라 너희의 대대로 모든 남자는 집에서 난 자나 또는 너희 자손이 아니라 이방 사람에게서 돈으로 산 자를 막론하고 난 지 팔 일 만에 할례를 받을 것이라 너희 집에서 난 자든지 너희 돈으로 산 자든지 할례를 받아야 하리니 이에 내 언약이 너희 살에 있어 영원한 언약이 되려니와 할례를 받지 아니한 남자 곧 그 포피를 베지 아니한 자는 백성 중에서 끊어지리니 그가 내 언약을 배반하였음이니라(창세기 17:11~14).

아브라함이 86세에 육의 씨인 이스마엘을 낳고 13년이 흘러 99세가 되었습니다 굉장히 긴 시간 동안 하나님이 침묵하셨던 것입니다. 그동안 아브라함이 제사를 안 드렸을까요? 아브라함은 계속 제사를 드렸습니다. 그동안 그는 이스마엘을 후계자로 생각했습니다. 자신에게서 난 자식이니 당연히 후계자로 삼으리라고 철석같이 믿었을 것입니다.

'철석같이 믿는다'는 말이 얼마나 우습습니까? 우리가 얼마나 부족한 존재인지 아시겠습니까? 우리는 하나님의 뜻을 우리의 상황에 맞추어 이해하려는 경향이 있습니다. 하나님의 약속을 믿는 것이 아니라 현재 상황에 맞춰서 재해석합니다.

"지금 내게는 이스마엘이 있지 않은가? 분명히 하나님이 이 아이를 나의 후계자로 삼으실 것이다."

정작 하나님은 하나님의 계획과 아무 상관 없는 존재로 여기고 침묵하고 계시는데, 아브라함은 후계자로 여기고 키우는 것입니다.

"너는 내 앞에서 행하여 완전하라"(창 17:1)는 말씀은 우리 삶 속에서 매우 중요한 부분 중에 하나입니다. 전능하신 하나님이 모든 일에 주체가 되어 행하십니다. 그런데 우리가 할 일이 하나 있습니다. "하나님 앞에서 완전하라"는 것입니다.

종교 개혁자들의 모토가 바로 '하나님 앞에'라는 의미의 코람데오(Coram Deo)였습니다. 불완전한 존재인 인간을 위하여 전능하신 하나님께서 일하십니다. 중요한 것은 하나님 앞에서 살아가는 것입니다. 그것이 완전한 것입니다. 하나님 앞에서 살아갈 때 비로소 하나님을 붙잡을 수 있습니다. 생각과 말과 행동이 하나님을 향해 있어야 합니다.

'내가 이 땅에서 무엇을 해야 행복할까? 어떻게 하면 잘될까? 어떤 일을 할까? 얼마나 돈을 잘 벌까'가 아니라 하나님을 바라보며 인생을 사는 것이 온전한 인생입니다. 하나님께서 아브라함에게 요청하신 것은 '나를 바라보라'는 것입니다. 즉 "내 앞에서 완전하라"입니다. 먼저 하나님 앞에 서야 합니다.

> 하나님이 또 아브라함에게 이르시되 그런즉 너는 내 언약을 지키고 네 후손도 대대로 지키라 너희 중 남자는 다 할례를 받으라 이것이 나와 너희와 너희 후손 사이에 지킬 내 언약이니라(창세기 17:9~10).

'지키다'는 '준수하다, 주의를 깊게 기울이다'라는 뜻입니다. 즉 '주의를 기울여 준수하다'라는 뜻이 됩니다. 하나님의 언약은 '주의를 기울여 지키는 것'입니다. 하나님의 언약에 관심과 주의를 기울이십시오. 그것이 언약을 지키는 태도입니다. 하나님 앞에서 완전한 삶은 '하나님의 언약'을 기준으로 사는 것입니다.

> 할례를 받지 아니한 남자 곧 그 포피를 베지 아니한 자는 백성 중에서 끊어지리니 그가 내 언약을 배반하였음이니라(창세기 17:14).

'배반하다'는 '무효화하다, 파괴하다'라는 뜻입니다. 여기서 할례에 대해서 생각해 봅시다.

첫째, 왜 몸을 베게 하셨을까요? 군이 남자의 표피를 베게 하신 이유가 무엇입니까? 성적 타락은 단순히 성적 타락의 문제로 그치지 않고, 하나님과의 관계에 문제가 생기는 것으로 연결됩니다. 실제로 모든 타락은 간음에서 시작되지 않습니까? 표피를 베게 하는 것은 성적 타락에 대한 하나님의 경고라고 할 수 있습니다. 더 나아가 성적인 것은 단순한 쾌락을 넘어서서 생명을 잉태하게 합니다. 할례를 통해 앞으로 태어날 아브라함의 자녀들은 하나님의 언약과 연결됩니다.

요즘 세대는 서로 사랑하면 성관계를 가져도 무방하다고 생각합니다. 성관계는 개인적인 사랑을 넘어 생명을 낳습니다. 아브라함처럼 믿음의 사람들은 육의 자손이 아니라 언약의 자손들을 낳아야 할 책임이 있습니다. 하나님의 언약이 후손들에게도 흘러가야 하기에 남자의 표피에 할례를 행한 것을 기억하시기 바랍니다.

둘째, 남자 아기가 태어난 지 8일 만에 할례를 합니다.

> 이스라엘 자손에게 말하여 이르라 여인이 임신하여 남자를 낳으면 그는 이레 동안 부정하리니 곧 월경할 때와 같이 부정할 것이며 여덟째 날에는 그 아이의 포피를 벨 것이요(레위기 12:2~3).

부정한 기간이 지난 다음 날, 태어난 지 8일 만에 할례를 하게 하였습니다. 왜 7일 동안 부정합니까? 이유는 모릅니다. 한 가지 추론할 수 있는 것은, 하나님이 천지창조를 첫날부터 6일 동안 하셨고 제7일에 안식하셨다는 데에서 유래한 것이 아닌가 합니다.

하나님이 안식하셨다는 것은 단순히 쉬셨다는 뜻이 아니라 천지창조가 완벽하다는 것을 의미합니다. 더 이상 손댈 필요가 없을 정도로 피조세계가 아름다웠습니다. 이를 기념하기 위하여 6일 동안은 자기 자신을 위해서 열심히 살되 7일째 되는 안식일에는 하나님 앞에 나아와 천지를 창조하시고 인간을 만드신 하나님을 찬양하며 하나님과 관계를 갖는 데 집중하는 것입니다. 안식일은 쉬는 날이 아닙니다. 하나님으로부터 온전한 휴식이 온다는 것을 고백하면서 하나님과 깊은 만남을 가지는 날입니다.

문제는 이 완벽한 안식일이 선악과 사건으로 깨졌다는 데 있습니다. 결국 인간은 죄인으로 전락했습니다. 안식일이 깨졌으니 하나님이 다시 일하셔야만 합니다. 안식일을 회복하기 위해서 말입니다.

그것이 8일째입니다. 7일째까지 죄로 말미암아 부정해졌습니다. 죄로 말미암아 완벽함이 다 깨졌습니다. 엉겅퀴가 나고, 창조의 아름다움이 다 사라져서 이것을 다시 회복시켜야 합니다. 그런 점에서 8일째는 의미가 있습니다. 안식일 다음 날이 부활절입니다. 유월절 다음 날이 부활절입니다.

할례의 가장 중요한 원칙은 모두가 대상이 된다는 것입니다. 모든 남자가 받아야 합니다. "집에서 난 자나 돈으로 산 자", 즉 아브라함의 후손이 아니더라도 이스라엘 백성 중에 있으면 할례를 받아야 합니다. 할례의 대상은 혈연이 아니라는 뜻입니다. 더 나아가서 "할례를 받지 아니하면 백성 중에서 끊어질 것"이라고까지 했습니다. 아브라함의 자손이라도 할례를 받지 않으면 무효가 된다는 뜻입니다.

할례는 혈연이 아닌 언약과 관계된 것입니다. 유대인들은 오랫동안 자신들이 아브라함의 자손이기 때문에 구원을 받을 것이라고 착각했습니다. 그러나 예수님은 분명히 말씀하셨습니다. 혈연이 아니라고 말입니다. 하나님이 아브라함을 선택하셨으니까 그가 믿음의 조상이 된 것입니다. 하나님이 보시기엔 아브라함이나 다른 사람들이나 똑같습니다. 아브라함은 하나님의 선택에 의해서 위대한 인물이 된 것이지 그 자체가 위대한 인물은 아니었습니다. 누가 아브라함을 선택하고, 누가 아브라함을 만들어 가고, 누가 아브라함에게 복을 주었는가가 중요합니다. 아브라함은 하나님과 언약 관계에 있었습니다.

할례는 하나님과 언약을 맺은 백성임을 강조하는 표시입니다. 즉 하나님의 말씀을 행했을 때는 복을 받고, 하나님의 말씀을 어겼을 때는 저주를 받겠다는 약속입니다. 이 언약은 출애굽기에 가서 완벽해집니다. "나는 너희의 하나님이 되고 너희는 나의 백성이 되리라"는 목적으로 출애굽을 인도하십니다. 이것이 언약의 연결 선상에 있는 것입니다.

> 그러므로 회개에 합당한 열매를 맺고 속으로 아브라함이 우리 조상이라 말하지 말라 내가 너희에게 이르노니 하나님이 능히 이 돌들로도 아브라함의 자손이 되게 하시리라(누가복음 3:8).

얼마나 화가 나셨으면 돌들로도 아브라함의 자손을 만들 수 있다고 하셨겠습니까? 할례의 의미는 하나님과의 언약에 있습니다. 따라서 누구든지 할례를 받음으로써 언약 백성 가운데 들어갈 수 있습니다.

그러나 거꾸로 혈통적으로 아브라함의 자손이라 할지라도 할례를 행하지 않으면 관계가 무효가 됩니다. 이것이 할례, 하나님의 언약입니다.

지금은 할례를 행하지 않습니다. 예수 그리스도로 말미암아 온전히 끝났기 때문입니다. 그러나 원리는 지금까지도 그대로 흘러가고 있습니다. 구약의 원리가 완성된 것이지 파괴된 게 아니기 때문입니다. 성도는 교회 공동체 안에 머물러야 합니다. 지금도 십자가의 붉은 피가 흐르고 있습니다. 세례는 자신이 죄인이며 하나님의 은혜가 아니면 구원을 받지 못한다는, 할례와도 같은 상징입니다. 이스라엘 백성들이 애굽 군대를 피해 홍해를 건넌 사건은 일종의 세례와도 같습니다. 이러한 상징들이 교회 공동체 안에서 여전히 흘러가고 있는 것입니다.

할례의 의미가 세례로 이어지기 때문에 좁은 의미로 보면 예수 그리스도를 영접함으로써 완성되는 것이고, 넓은 의미로는 복음이 모든 열방에게 흘러가야 하는 것입니다. 이렇듯 할례의 완성은 예수 그리스도로 직결됩니다.

문제는 하나님께서 사라에게 아들을 주기로 약속하셨는데, 신실하신 하나님의 약속이 인간의 연약함으로 파괴될 위기에 놓였다는 것입니다. 과연 사라의 정결함과 아브라함의 노력만으로 약속의 아들을 얻을 수 있을까요? 아닙니다. 아브라함은 하나님의 약속을 기다릴 만한 실력이 없어서 육의 씨 이스마엘을 낳고 말았습니다. 사라를 통해서 낳겠다고 하셨으면 사라를 지켜야 하는데, 애굽에 내려가서도 두려움에 싸여 사라를 넘겨주지 않았습니까? 지켜 낼 능력이 없는 것입니다.

사실 약속의 아들 이삭을 낳은 것은 아브라함과 사라가 아닙니다. 바로 하나님이십니다. 그래서 이삭이 하나님의 것이 됩니다. 이것은 매우 의미심장합니다. 믿음의 조상 아브라함으로부터 이어지는 영적 2세대는 단순히 아브라함과 사라 부부의 자녀가 아니라 하나님의 자녀입니다. 이것은 믿음의 후손은 혈육이 아니라 하나님의 선택에 의해 결정된다는 것을 상징적으로 보여 주고 있습니다. 인간의 능력이 아닌 하나님의 선택하심, 그 약속의 아들이 바로 이삭입니다.

> 이에 아브라함이 하나님이 자기에게 말씀하신 대로 이 날에 그 아들 이스마엘과 집에서 태어난 모든 자와 돈으로 산 모든 자 곧 아브라함의 집 사람 중 모든 남자를 데려다가 그 포피를 베었으니 아브라함이 그의 포피를 벤 때는 구십구 세였고 그의 아들 이스마엘이 그의 포피를 벤 때는 십삼 세였더라 그 날에 아브라함과 그 아들 이스마엘이 할례를 받았고 그 집의 모든 남자 곧 집에서 태어난 자와 돈으로 이방 사람에게서 사온 자가 다 그와 함께 할례를 받았더라(창세기 17:23~27).

아브라함은 그날 즉시 할례를 이행했습니다. 하나님이 아브라함을 부르신 목적에는 넓은 의미와 좁은 의미가 있습니다. 믿음의 후손들이 걸어야 할 길을 아브라함이 그의 삶을 통해 내비게이션처럼 안내하는 역할이 넓은 의미의 목적입니다. 좁은 의미의 목적은 그의 후손이 예수 그리스도로 향해 나아가는 것입니다. 결론을 말하면 믿음의 후손은 아브라함이나 이삭의 혈통을 통해서만 이어지는 것이 아니라 하나님의 선택에 의해 이어집니다.

> 또 그 안에서 너희가 손으로 하지 아니한 할례를 받았으니 곧 육의 몸을 벗는 것이요 그리스도의 할례니라 너희가 세례로 그리스도와 함께 장사되고 또 죽은 자들 가운데서 그를 일으키신 하나님의 역사를 믿음으로 말미암아 그 안에서 함께 일으키심을 받았느니라"(골로새서 2:11~12).

이제는 손으로 하는 할례를 받지 않죠. 대신 세례를 받습니다. 할례는 예수 그리스도까지 가야 비로소 완성되는 것입니다.

마지막으로 창세기 17장의 구조를 다시 살펴보겠습니다. 크게 세 구조로 되어 있음을 알 수 있습니다.

'아브라함에 대한 예언'과
'할례의 선포'와
'사라에 대한 예언'입니다.

왜 굳이 할례를 아브라함과 사라 이야기 사이에 넣었을까요?

할례는 남자들에게 요구되는 하나님의 표징입니다. 만약에 아브라함과 사라에 대한 예언을 연달아 기록하고 나서 할례를 선포했다면 어떻게 되었겠습니까? 할례는 남자인 아브라함만 해당되기 때문에 중간에 끼어 있는 사라는 상대적으로 하나님의 역사에서 보조적인 역할에 지나지 않는 것처럼 보일 수 있습니다. 그래서 기자는 의도적으로 이야기의 순서를 아브라함의 예언, 할례의 선포, 사라의 예언으로 잡은 것입니다. 이로써 아브라함과 사라가 동일한 지위를 갖는다는 것을 강조한 것입니다. 할례는 남자인 아브라함이 감당할 표징이지만 아브라함과 사라가 낳게 될 약속의 자녀는 아브라함의 씨인 동시에 사라의 씨이기도 하다는 것입니다. 아브라함과 사라가 열국의 아버지와 어머니임을 드러내는 것입니다.

Part 3

믿음이 자라면
세상이
작아진다

하나님은 아브라함처럼
끝까지 기도할 자를 찾고 계십니다.

Chapter 5

아브라함, 하나님의 마음을 알다

모든 것이 끝났을 때 시작된다

창세기 18~20장은 '아브라함은 누구인가? 아브라함을 왜 부르셨는가?'를 증명하는 장입니다. 그 와중에 소돔과 고모라 이야기가 다시 등장합니다.

아브라함은 문명지인 갈대아 우르에서 하란으로 갔고, 하란에서 다시 가나안 땅을 향해 믿음의 길을 갔습니다. 당시에 가나안은 '낮은 곳'이라 통했습니다. 말 그대로 지역적으로 낮은 곳이라는 뜻도 있지만 '천한 자'라는 뜻도 있습니다. 하나님께서 아브라함을 화려한 문명의 중심으로부터 낮고 천한 곳 가나안 땅으로 이끌고 가신 것입니다. 가나안 땅은 노아의 아들 중에서 유일하게 저주를 받았던 함의 자손이 퍼져 나간 지역입니다.

아브라함은 기근으로 인해 가나안에서 애굽으로 내려갔다가 다시 올라와서 롯과 결별하기도 했습니다. 북방과 남방의 전쟁에서 롯을 구하기 위해 소돔 왕과 접촉했고 급기야 소돔과 고모라의 멸망을 지켜봐야 했습니다. 낮은 땅, 가나안을 젖과 꿀이 흐르는 약속의 땅으로 선택하셨다는 사실이 놀라울 따름입니다.

여기에 상징적인 의미가 있습니다. 낮고 천한 땅을 하나님이 하나님의 나라로 바꿔 가신다는 점에서 그렇습니다. 사실 우리가 낮고 천한 자들이 아닙니까? 여기서부터 일이 시작되는 것입니다.

아브라함의 믿음의 길을 볼 때 믿음이란 삶의 원인과 결과가 모두 하나님께 있다는 것을, 천지의 주재이신 하나님께 있다는 것을 고백하는 것입니다. 하나님은 아브라함을 가나안이라는 낮고 천한 곳으로 인도하셨고, 애굽에 내려가서 하나님을 배우도록 하셨으며 소돔과 고모라를 통해 계시를 알게 하셨습니다.

실제로 우리의 삶에는 가나안과 애굽과 소돔과 고모라와 같은 현장이 있습니다. 우리는 그 현장에서 하나님의 말씀을 따라 흘러가면서 이질감을 배우고, 하나님의 역사를 배우고, 과정을 배우게 됩니다. 그러므로 우리는 믿음의 과정을 놓쳐 버려선 안 됩니다.

그런데 이 과정이 반복됩니다. 세상에 나갔다가도 하나님이 믿음으로 잡아 주시고, 소돔과 고모라에서 전쟁을 겪으면 또 잡아 주시고, 육의 씨인 이스마엘을 낳아도 할례를 통해 재언약을 해 주시고, 두려움 때문에 속임수를 썼다가 아내를 아비멜렉에게 빼앗겨도 다시 바로잡아 주십니다.

이렇듯 아브라함의 믿음의 길은 결코 거룩하지 않았습니다. 세상과 계속 부딪치고 돌고 돌며 나아가면서 아브라함은 자기의 실력이 아니라 자기를 만드시는 하나님을 보게 되었습니다. 이것이 중요합니다. 하나님을 알게 되면서부터 믿음이 자라납니다. 이러한 개념을 가지고 아브라함의 이야기를 들여다봐야 합니다.

소돔과 고모라가 성적으로 얼마나 타락한 도시였는지 아십니까?

저녁때에 그 두 천사가 소돔에 이르니 마침 롯이 소돔 성문에 앉아 있다가 그들을 보고 일어나 영접하고 땅에 엎드려 절하며(창세기 19:1).

그들이 눕기 전에 그 성 사람 곧 소돔 백성들이 노소를 막론하고 원근에서 다 모여 그 집을 에워싸고(창세기 19:4).

두 천사가 소돔과 고모라에 들어간 때가 저녁때였습니다. 그런데 잠자리에 눕기 전에 "그 성 사람 곧 소돔 백성들이 노소를 막론하고 원근에서 다 모여 그 집을 에워싸고" 롯을 불렀습니다.

고대 성문 앞은 매우 중요한 곳입니다. 성문 앞에서 공지사항을 알리고, 교제를 나눴으며 재판을 행했습니다. 롯이 성문 앞에 계속 있다는 것은 소돔에서 어느 정도 안정적인 지위를 가지고 있었음을 뜻합니다.

뒤에 사람들이 롯에게 "우리 중에 거류하면서 우리의 법관이 되려 하는 도다"(창 19:9) 하고 말한 것으로 보아 재판관의 위치에 있었을 것으로 봅니다. 롯이 소돔과 고모라에 잘 정착해서 살았던 것으로 해석할 수 있습니다. 한편, 이것은 롯이 영적으로는 많이 무뎌졌음을 의미합니다.

> 롯을 부르고 그에게 이르되 오늘 밤에 네게 온 사람들이 어디 있느냐 이 끌어 내라 우리가 그들을 상관하리라(창세기 19:5).

'상관하다'는 '성관계를 갖는다'는 뜻입니다. 저녁때, 해질 무렵에 천사들이 도시에 들어왔는데 잠자리에 들기도 전에 온 도시에 소문이 났습니다. 해가 져서 잠자리에 들기까지는 얼마큼의 시간이 걸릴까요?

아브람의 시대를 청동기 초기로 봅니다. 일명 족장 시대입니다. 횃불로 밤을 밝히던 때입니다. 해질 무렵부터 잠자리에 누울 때까지의 시간은 대략 두어 시간 걸릴 것입니다.

그런데 두어 시간 만에 도시에 소문이 돌았고, 남녀노소가 아닌 노소를 막론하고 남자들이 모두 롯의 집 앞으로 몰려왔습니다. 그들이 말합니다.

"새로운 남자가 둘이나 왔다는데, 어서 내놓아라! 우리가 그들을 상관하겠다."

이게 무슨 뜻인지 아시겠습니까? 도시에 새로운 남자들이 들어왔다는 것이 빅뉴스가 되어 퍼질 정도로 남자들끼리는 이미 다 상관했다는 이야기입니다. 도시 사람들끼리 서로 알고 지내기가 쉬운 일입니까? 놀랍습니다. 더욱 놀라운 것은 그룹 섹스를 공개적으로 떠벌릴 정도로 타락했다는 것입니다.

> 롯이 문 밖의 무리에게로 나가서 뒤로 문을 닫고 이르되 청하노니 내 형제들아 이런 악을 행하지 말라 내게 남자를 가까이하지 아니한 두 딸이 있노라 청하건대 내가 그들을 너희에게로 이끌어 내리니 너희 눈에 좋을 대로 그들에게 행하고 이 사람들은 내 집에 들어왔은즉 이 사람들에게는 아무 일도 저지르지 말라(창세기 19:6~8).

롯이 나그네들을 보호하기 위해 아직 처녀인 두 딸을 내어 주려고 했습니다. 우리가 보기에는 놀랍지요. 그러나 소돔과 고모라에서는 남자끼리의 동성애, 그룹 섹스가 공공연하게 이루어졌으므로 성적인 한계가 거의 없었다고 봐야 할 것입니다.

소돔과 고모라는 불심판의 모델이기도 합니다. 이 도시와 롯 가정의 비극을 통해서 모압과 암몬이라는 족속이 탄생합니다. 죄는 기형적인 인류를 탄생시키고 맙니다.

그러나 도시가 멸망하는 사건을 통해 새로운 역사가 시작되기도 합니다. 하나님과 사람 사이에 선 중보기도가 시작된 것입니다.

여호와께서 또 이르시되 소돔과 고모라에 대한 부르짖음이 크고 그
죄악이 심히 무거우니 내가 이제 내려가서 그 모든 행한 것이 과연 내
게 들린 부르짖음과 같은지 그렇지 않은지 내가 보고 알려 하노라
(창세기 18:20~21).

소돔과 고모라 백성은 거의 모두가 타락했습니다. 소돔과 고모라 백
성이 다 타락했는데 누가 부르짖었을까요? 이스라엘 백성들이 노예생
활을 할 때에는 이스라엘 백성들이 부르짖었는데, 소돔과 고모라에서
는 대체 누가 부르짖었을까요?

피조물이 다 이제까지 함께 탄식하며 함께 고통을 겪고 있는 것을 우리
가 아느니라(로마서 8:22).

죄악이 가득 차면 피조물들이 부르짖습니다. 그러면 심판이 임합니
다. 소돔 땅의 모든 피조물들이 탄식하고 있는 것입니다. 천사들이 소돔
으로 향하고, 아브라함은 여호와 앞에 섰습니다.

그 성 중에 의인 오십 명이 있을지라도 주께서 그곳을 멸하시고 그 오십
의인을 위하여 용서하지 아니하시리이까 주께서 이같이 하사 의인을

악인과 함께 죽이심은 부당하오며 의인과 악인을 같이 하심도 부당하니이다 세상을 심판하시는 이가 정의를 행하실 것이 아니니이까 여호와께서 이르시되 내가 만일 소돔 성읍 가운데에서 의인 오십 명을 찾으면 그들을 위하여 온 지역을 용서하리라 아브라함이 대답하여 이르되 나는 티끌이나 재와 같사오나 감히 주께 아뢰나이다 오십 의인 중에 오 명이 부족하다면 그 오 명이 부족함으로 말미암아 온 성읍을 멸하시리이까 이르시되 내가 거기서 사십오 명을 찾으면 멸하지 아니하리라 아브라함이 또 아뢰어 이르되 거기서 사십 명을 찾으시면 어찌 하려 하시나이까 이르시되 사십 명으로 말미암아 멸하지 아니하리라 아브라함이 이르되 내 주여 노하지 마시옵고 말씀하게 하옵소서 거기서 삼십 명을 찾으시면 어찌 하려 하시나이까 이르시되 내가 거기서 삼십 명을 찾으면 그리하지 아니하리라 아브라함이 또 이르되 내가 감히 내 주께 아뢰나이다 거기서 이십 명을 찾으시면 어찌 하려 하시나이까 이르시되 내가 이십 명으로 말미암아 그리하지 아니하리라 아브라함이 또 이르되 주는 노하지 마옵소서 내가 이번만 더 아뢰리이다 거기서 십 명을 찾으시면 어찌하려 하시나이까 이르시되 내가 십 명으로 말미암아 멸하지 아니하리라 여호와께서 아브라함과 말씀을 마치시고 가시니 아브라함도 자기 곳으로 돌아갔더라(창세기 18:24~33).

아브라함의 영적 세계와 소돔과 고모라의 영적 세계는 정반대 방향을 향하고 있으며 완전히 이질적입니다. 아브라함의 중보기도는 믿는 자가 행해야 할 의(義)와 공도(公道)가 무엇인지를 알려 주고 있습니다.

아브라함이 소돔과 고모라를 위해 기도하는 것, 이것이 바로 그가 부르심을 받은 이유입니다. 그는 죄가 관영한 곳을 위해 무릎 꿇고 기도했습니다. 그들이 의와 공도의 나라가 될 수 있도록 기도했습니다.

그때 아브라함은 자기가 택함 받은 이유를 정확히 파악하고 있었습니다. 유황과 불을 소돔과 고모라에 떨어뜨리기 전에 그들을 위해 중보하기를 원하시는 하나님의 마음을 아브라함은 알았습니다. 그래서 아브라함이 마치 하나님과 흥정하듯 대화를 나눴지만 하나님은 그의 말을 기쁘게 받으셨습니다. 아브라함의 중보기도에서 중요한 두 가지를 발견하게 됩니다.

첫째, 아브라함의 중보기도는 의인 10명에서 끝났습니다. 왜 10명에서 멈추었을까요? 조카 롯의 가족을 염두에 두고 한 말이 아닐까 하는 의견도 있습니다. 롯과 그의 아내, 두 딸과 두 명의 사위, 그 종들 몇 명만 해도 10명이 될 것입니다.

그러나 저는 10명이 롯의 가정만을 염두에 둔 것은 아니라고 봅니다. 10명은 최소치를 나타내는 것입니다. 롯의 가정이 아닌 다른 가정이라도 상관없습니다. 소돔과 고모라에 단 한 가정만 의인이 있어도 된다는 뜻입니다.

우리는 여기서 하나님이 심판하시는 기준을 엿볼 수 있습니다. 하나님은 최소치의 의인이라도 귀히 보십니다. 최소한 몇 명만 있어도 하나님은 그들을 통해 역사하십니다. 그러나 그 몇 명조차 없다면, 악으로 치닫고 마는 것입니다.

> 너희는 예루살렘 거리로 빨리 다니며 그 넓은 거리에서 찾아보고 알라 너희가 만일 정의를 행하며 진리를 구하는 자를 한 사람이라도 찾으면 내가 이 성읍을 용서하리라(예레미야 5:1).

> 우리가 여호와를 배반하고 속였으며 우리 하나님을 따르는 데에서 돌이켜 포학과 패역을 말하며 거짓말을 마음에 잉태하여 낳으니 정의가 뒤로 물리침이 되고 공의가 멀리 섰으며 성실이 거리에 엎드러지고 정직이 나타나지 못하는도다 성실이 없어지므로 악을 떠나는 자가 탈취를 당하는도다 여호와께서 이를 살피시고 그 정의가 없는 것을 기뻐하지 아니하시고 사람이 없음을 보시며 중재자가 없음을 이상히 여기셨으므로 자기 팔로 스스로 구원을 베푸시며 자기의 공의를 스스로 의지하사(이사야 59:13~16).

그 시대가 얼마나 패역했는지를 설명하고 있습니다. "중재자가 없음을 이상히 여기셨다"(사 59:16)고 하십니다. 이스라엘은 하나님의 백성이라 일컬음을 받는 자들입니다. 지금으로 말하자면 교회입니다. 그런데 교회가 타락했습니다. 교회에서 기도하는 사람이 없다는 뜻입니다. 하나님의 백성 중에 하나님을 찾는 자가 아무도 없다는 것입니다. 하나님은 이것을 이상하게 여기십니다.

우리가 이상히 여기는 것과 하나님이 이상히 여기시는 것이 다릅니다. 우리는 "세상이 왜 이렇게 불의합니까?", "우리나라가, 우리 가정이 왜 이렇게 힘듭니까?"라고 하나님 앞에 묻습니다. 그러나 하나님은 "세상이 불의하고 나라와 가정이 힘든 것을 아는 자들이 어떻게 중재하지 않는지 이상하다"고 말씀하십니다. '중재자가 없음을 이상히 여기셨다고' 합니다.

> 이 땅 백성은 포악하고 강탈을 일삼고 가난하고 궁핍한 자를 압제하고 나그네를 부당하게 학대하였으므로 이 땅을 위하여 성을 쌓으며 성 무너진 데를 막아 서서 나로 하여금 멸하지 못하게 할 사람을 내가 그 가운데에서 찾다가 찾지 못하였으므로 내가 내 분노를 그들 위에 쏟으며 내 진노의 불로 멸하여 그들 행위대로 그들 머리에 보응하였느니라 주 여호와의 말씀이니라(에스겔 22:29~31).

땅의 백성이 강포하여 진노의 불을 쏟으신다고 합니다. 그러나 우리가 기억해야 할 것은, 진노의 불로 멸하기 전에 먼저 하나님은 의인을 찾으신다는 사실입니다. 이 땅을 위해 무너진 성을 막아서며 멸하지 못하게 할 사람을 찾으시는 것입니다. 그러나 찾다가 못 찾으니 심판을 내리실 수밖에 없습니다.

당신이 속한 교회, 당신의 가정을 돌아보십시오. 그리고 먼저 교회와 가정을 위해 기도하십시오. 하나님이 찾고 보시기 때문입니다. 아브라함과 같이 끝까지 기도할 자를 찾고 계십니다. 그런 사람조차 없을 때 그곳에 심판이 임하는 것입니다. 기도하는 자가 없으면 멸망합니다.

아브라함처럼 기도하는 자가 10명만 있었더라도 소돔과 고모라가 그렇게 처참하게 멸망되지는 않았을 것입니다. 아무도 멸망치 않도록 기도하는 것이 아브라함을 선택하신 이유이며 우리를 부르신 이유입니다.

맞서 싸우는가, 한탄만 하는가

둘째, 아브라함의 중보기도에서 하나님의 살아 계심을 배웁니다. 하나님의 살아 계심을 어디서 어떻게 배울 수 있습니까? 삶에서 배웁니다. 환란 중에 배웁니다. 인간의 한계에서 배웁니다.

지금 당신의 통장에 10조 원이 있는데 하나님께서 1조 원을 더 주셨다고 해봅시다. 감격할 것 같습니까? 역시 돈이 돈을 버는구나 하고 당연하게 생각할 것입니다. 자기가 잘나서 세상이 알아준다고 생각할 것입니다. 겉으로는 하나님을 찬양하고 하나님께 기도할지 몰라도 과연 뼈저리게 하나님을 찾겠느냐는 말입니다.

그런데 사방이 막혀서 오도 가도 못하고, 죽기 일보 직전인데 기도했더니 하나님께서 응답해 주셨다면 어떨 것 같습니까? 하나님께서 나의 작은 신음소리도 들으셨다고 감격해하며 찬양하지 않겠습니까?

청년들의 기도 제목을 보면 매우 간단합니다. 믿는 사람들만 다니는

직장에 다니고 싶다고 합니다. 가족이 모두 예수님을 믿고 구원받았으면 좋겠다고 합니다. 저는 그런 청년들에게 이렇게 묻습니다.

"그래서 당신은 뭐 하려고요? 회사가 교회입니까? 믿는 사람들만 다니게…."

당신이 사는 곳, 부르심을 받아 사는 곳은 세상입니다. 세상의 빛과 소금이 되라고 부르셨습니다. 그런데 혼자 편하게 살다가 주님 앞에 설 것입니까? 심판이 임한 세상 속에서 살던 두 인물이 있습니다. 노아와 롯입니다.

옛 세상을 용서하지 아니하시고 오직 의를 전파하는 노아와 그 일곱 식구를 보존하시고 경건하지 아니한 자들의 세상에 홍수를 내리셨으며 소돔과 고모라 성을 멸망하기로 정하여 재가 되게 하사 후세에 경건하지 아니할 자들에게 본을 삼으셨으며 무법한 자들의 음란한 행실로 말미암아 고통 당하는 의로운 롯을 건지셨으니 [이는 이 의인이 그들 중에 거하여 날마다 저 불법한 행실을 보고 들음으로 그 의로운 심령이 상함이라](베드로후서 2:5~8).

성경은 노아와 롯을 의인이라고 말합니다. 롯도 구원받을 만한 의가 있었습니다. 의는 하나님과의 관계를 가리킵니다. 아브라함을 좇아 본토 아비 친척 집을 떠날 만한 의가 롯에게도 있었던 것입니다.

그런데 노아는 홍수 심판 가운데서도 의를 전파한 긍정적인 모델이 된 반면에 롯은 경건하지 아니할 자들에게 본이 될 소돔과 고모라에서 "무법한 자들의 음란한 행실로 말미암아 고통"을 당했습니다. 노아가 의를 전파해서 방주를 준비하여 하나님의 뜻을 이루는 믿음을 보인 반면, 롯은 마음이 상한 채 앉아서 보고 듣기만 했습니다.

아브라함은 하나님 나라와 정반대에 있는 나라, 멸망의 나라를 위해서 기도했습니다. 소돔과 고모라 땅에 있던 롯이 아브라함의 기도 덕분에 구원을 받았습니다. 아브라함의 부르심을 기억하십시오.

> 여호와께서 아브람에게 이르시되 너는 너의 고향과 친척과 아버지의 집을 떠나 내가 네게 보여 줄 땅으로 가라 내가 너로 큰 민족을 이루고 네게 복을 주어 네 이름을 창대하게 하리니 너는 복이 될지라 너를 축복하는 자에게는 내가 복을 내리고 너를 저주하는 자에게는 내가 저주하리니 땅의 모든 족속이 너로 말미암아 복을 얻을 것이라 하신지라 (창세기 12:1~3).

땅의 모든 족속이 아브라함으로 말미암아 복을 얻을 것입니다. 모든 족속에는 소돔과 고모라도 포함됩니다. 혼자만 깨끗하고 혼자만 의롭게 사는 게 신앙이 아닙니다. 하나님을 알지 못하는 자들에게 그 사랑을 전하는 것이 신앙생활입니다.

믿음의 한계가 세상의 크기를 정하는 법입니다. 아브라함은 믿음이 작을 때는 세상이 커 보여서 두려움에 떨었으나 믿음이 점점 자라면서 세상은 작아지고 하나님의 나라가 커졌습니다. 그러나 롯은 만날 "어떡하지? 저렇게 타락하면 안 되는데 어떡하지? 어떡하지?" 하며 마음 상해 하다가 멸망의 길로 휩쓸려 들어갔습니다.

믿는 자는 두 부류로 나눌 수 있습니다. 하나는 노아와 같이 하나님 나라의 의를 전파하는 부류이고, 또 하나는 불법을 행하는 사람들을 보면서 '저러면 안 되는데, 저러면 안 되는데, 저렇게 살면 큰일 나는데…' 하며 근심만 하며 사는 롯과 같은 부류입니다.

롯이 살던 소돔과 고모라에는 동성애가 흔했습니다. 동성애는 죄입니다. 하나님의 창조 사역을 역행하기 때문입니다. 하나님이 모든 것을 종류대로 창조하셨는데 사람만 예외입니다. 한 몸에서 완전히 다른 모양을 만들어 내셨습니다. 남자에서 여자를 만들어 내신 것입니다. 그리고 남자와 여자에게 생육하고 번성할 사명을 주셨습니다. 따라서 생육하고 번성하는 것을 막는 것은 하나님의 창조 원리를 거스르는 일입니다. 만약에 전 세계가 동성애를 한다면 인류는 단절되고 말 것입니다.

동성애는 죄가 분명하지만 동성애자를 돌이킬 수 없는 죄인으로 보는 것은 곤란합니다. 아담과 하와가 타락한 후에 어떤 일이 일어났습니까? 가시덤불과 엉겅퀴가 나타났습니다. 돌연변이가 나타난 것입니다. 돌연변이는 우리의 어그러진 상태를 상징합니다. 우리는 모두 각자 다른 면에서 죄성을 지니고 있습니다.

이성애자 중에서도 수많은 이성과 바람을 피우는 사람이 있고, 변태도 있습니다. 이성애자는 정상인, 동성애자는 비정상인으로 구분하는 것이 무슨 의미가 있습니까? 모두 다 죄인입니다. 죄의 극복은 하나님 앞에서 평생 말씀을 지키고 살아가느냐에 달려 있습니다.

동성애자라도 하나님 앞에 나와서 믿음을 고백하고 평생 동성애의 욕구를 누르고 말씀을 따라 산다면 그 사람이야말로 의인일 것입니다. 이성애자가 비록 이성에게 음욕을 품었으나 그것을 좇지 않고 하나님 앞에서 자신을 쳐서 복종시키며 말씀을 따라 산다면 그게 바로 믿음의 삶입니다.

어떤 죄는 크고 어떤 죄는 작은 게 없습니다. 누구나 죄성이 있지만 짓지 않으려고 버티며 사는 것입니다. 이 싸움을 평생 하는 것입니다. 누구든 자기가 지은 죄가 가장 큰 죄입니다. 자기를 유혹하는 죄가 가장 큰 죄입니다. 그러니 죄의 유혹에 버티십시오. 그 싸움이 신앙이고 누구든지 버티고 싸운다면 그 사람은 하나님의 사람입니다.

우리는 모두 죄로 변질되었습니다. 세상에 온전한 자는 없습니다. 동성애자가 동성애라는 죄의 영향을 받는다면, 나는 다른 죄의 영향을 받습니다. 우리라고 다를 것이 없습니다. 피차 싸우는 부분이 다를 뿐입니다. 그러니 맞서 싸우고 있는가, 한탄만 하고 있는가가 문제입니다.

하나님이 원하시는 중보기도는 당신이 좋아하는 선교사나 믿음의 사람들을 위한 기도만이 아닙니다. 만약 아브라함이 하나님 나라와 세상을 이분법적으로 보는 사람이었다면 하나님이 소돔과 고모라를 멸하기로 하셨다고 했을 때 이렇게 반응했을 것입니다.

"하나님, 잘하셨습니다. 거기 사는 롯이라는 제 조카는 양 몇 마리 때문에 삼촌에게 덤볐던 못된 놈입니다. 물이 넉넉한 좋은 땅을 찾아서 가더니 멸망하게 생겼군요. 그렇게 영적 안목이 없으니 심판 받아 마땅합니다."

아브라함이 그런 사람이었다면 과연 여호와 하나님이 그에게 나타나셨을까요? 아닙니다. 아브라함은 하나님의 마음을 알았습니다. 기도할 때 하나님이 어떤 분이신지, 하나님이 왜 나에게 이 말씀을 하시는지, 하나님의 마음을 헤아리시기 바랍니다.

도시가 멸망하는 중에도 롯은 정신을 못 차렸지만 아브라함은 계속 지켜보고 있었습니다. 그래서 하나님이 아브라함을 기억하여 마음에 새기고 롯을 구출해 주셨습니다.

이것이 그리스도인의 신분이요 역할입니다. 아브라함이 당신입니다. 피하지 마십시오. 하나님은 멸망의 도시 소돔과 고모라 한복판에, 아비멜렉의 땅 한복판에 그리스도인들을 심어 놓으셨습니다. 그 안에서 자기 힘으로 살아가는 게 아닙니다. 하나님의 도우심으로 사는 것입니다. 하나님께서 보내셨다면 은혜가 있다는 것을 믿고 사는 것입니다.

그래서 기도해야 합니다. 자기 힘으로 살까 봐 기도해야 하고, 무너질까 봐 기도해야 하고, 변질될까 봐 기도해야 합니다. 하나님의 손을 놓칠까 두려워하며 기도해야 합니다.

하나님이 아브라함을 택하신 이유는 소돔과 고모라 같은 세상 가운데서 하나님께 중보하고 기도하며 하나님의 의와 공도를 행하라고 택하신 것입니다. 그리스도인은 세상 속에서 만들어져 가고, 세상 속에서 하나님의 의와 공도를 행하는 법을 배우고, 죄악 많은 이 땅에 하나님의 은혜를 베푸는 법을 배웁니다. 이렇게 해서 하나님은 낮은 자의 땅, 가나안을 젖과 꿀이 흐르는 약속의 땅으로 만들어 가십니다. 이것이 하나님 아버지의 마음입니다.

롯의 아내는 굳어 버리고,
아브라함은 하나님의 뜻을 계속 이루어 갑니다.

Chapter 6

결정적인 순간,
믿음을 선택하는가

심판 날에도 뒤돌아보는 것이 인간이다

영적으로 민감한 것이 복입니다. 그리스도인에게 있어서 가장 큰 벌은 영적으로 무디게 사는 것입니다. 세상적으로 잘돼도 영적으로 무디다면 그것만큼 큰 벌이 없습니다.

그 사람들이 롯에게 이르되 이외에 네게 속한 자가 또 있느냐 네 사위나 자녀나 성 중에 네게 속한 자들을 다 성 밖으로 이끌어 내라 그들에 대한 부르짖음이 여호와 앞에 크므로 여호와께서 이곳을 멸하시려고 우리를 보내셨나니 우리가 멸하리라 롯이 나가서 그 딸들과 결혼할 사위들에게 말하여 이르기를 여호와께서 이 성을 멸하실 터이니 너희는 일

어나 이곳에서 떠나라 하되 그의 사위들은 농담으로 여겼더라 동틀 때
에 천사가 롯을 재촉하여 이르되 일어나 여기 있는 네 아내와 두 딸을
이끌어 내라 이 성의 죄악 중에 함께 멸망할까 하노라 그러나 롯이 지
체하매 그 사람들이 롯의 손과 그 아내의 손과 두 딸의 손을 잡아 인도
하여 성 밖에 두니 여호와께서 그에게 자비를 더하심이었더라 그 사
람들이 그들을 밖으로 이끌어 낸 후에 이르되 도망하여 생명을 보존
하라 돌아보거나 들에 머물지 말고 산으로 도망하여 멸망함을 면하라
(창세기 19:12~17).

롯은 영적으로 매우 둔감한 사람이었습니다. 그래도 구원받은 자로서
소돔과 고모라에 나타난 두 천사를 보고 일어나 영접해야 하는 것은 알
았습니다. 이것이 바로 부지중에 천사를 영접한다는 것입니다.

천사들에게 식탁을 베풀고 무교병을 구운 것으로 보아 생활이 풍족하
지 않거나 인색해져 있었습니다. 굉장한 모순이지요. 그가 소돔과 고모
라를 선택한 것은 물이 풍족하기 때문이지 않았습니까? 그런데 광야에
서 사는 아브라함이 훨씬 풍족하게 대접했습니다. 하나님을 떠나면 인
색해질 수밖에 없습니다. 믿음의 사람은 아무것도 없는 광야에서 살아
도 더욱 풍족할 수 있습니다.

믿음으로 모세는 장성하여 바로의 공주의 아들이라 칭함 받기를 거절
하고 도리어 하나님의 백성과 함께 고난 받기를 잠시 죄악의 낙을 누

리는 것보다 더 좋아하고 그리스도를 위하여 받는 수모를 애굽의 모든 보화보다 더 큰 재물로 여겼으니 이는 상 주심을 바라봄이라(히브리서 11:24~26).

모세는 공주의 아들의 신분과 모든 혜택을 거절했습니다. 잠시 누리는 죄악의 낙일 뿐이라고 했습니다. 풍요로운 것 같지만 결국 망할 것이기 때문입니다. 모세는 그보다 더 큰 하나님 나라의 상급을 바라보았습니다. 이것이 그리스도인의 삶입니다.

저는 성경 구절 중에 "아무것도 없는 자 같으나 모든 것을 가진 자"(고후 6:10)라는 표현을 참 좋아합니다. 아브라함은 광야에서 아무것도 없는 자 같았으나 모든 것을 가진 자였습니다. 광야에서 물이 없어 근심했지만 항상 기뻐했습니다. 그는 많은 사람들에게 나누어 주는 자였습니다. 아브라함은 모든 것을 가진 자였던 것입니다.

그러나 롯은 재판 자리에 앉을 만큼 많은 것을 가진 자 같으나 하나님 나라에서는 무명한 자였습니다. 그는 소돔과 고모라에서 기쁜 것 같았지만 근심이 많은 자였습니다. 부유한 것 같지만 가난한 자였습니다. 성공한 것 같았지만 심판으로 모든 것을 빼앗긴 자였습니다. 그는 하나님을 알아보지 못할 정도로 영적으로 무딘 자가 되었습니다. 그래서 도시의 멸망이 닥쳤는데도 지체할 정도로 민감하지 못했습니다.

여호와께서 하늘 곧 여호와께로부터 유황과 불을 소돔과 고모라에 비같이 내리사 그 성들과 온 들과 성에 거주하는 모든 백성과 땅에 난 것을 다 엎어 멸하셨더라 롯의 아내는 뒤를 돌아보았으므로 소금 기둥이 되었더라(창세기 19:24~26).

'뒤를 돌아보았다'는 것은 '주시하다, 생각하여 바라보다'라는 뜻입니다. 미련을 갖고 관심을 보이는 것입니다. 두 천사가 "도망하여 생명을 보존하라 돌아보거나 들에 머물지 말고 산으로 도망하여 멸망함을 면하라"(창 19:17)고 경고했음에도 불구하고 롯의 아내는 뒤를 돌아봤습니다. 단순히 부주의해서일까요? 아닙니다.

100미터 달리기를 하면서 뒤를 돌아볼 수 있습니까? 머뭇거리면 뒤를 돌아보게 되어 있습니다. '머물다'와 '뒤돌아보다'가 같이 맞물리는 것입니다. 신앙이 머뭇거리고 정체될 때 뒤를 돌아보게 됩니다. 그때 타락이 일어납니다. 뒤에 미련이 있는 것입니다. 롯의 아내는 세상 쪽에 미련을 가지고 있었습니다.

제가 군포 집에서 정릉 교회를 다닐 때 두 시간 반이 걸렸는데 아침 8시까지 가야 했습니다. 그러려면 새벽 5시에 일어나야 하는데 머뭇거리면 늦기 십상이었습니다. 이럴까 저럴까 고민하다가는 교회에 늦습니다. 그럴 때는 이불을 뻥 차고 옷부터 갈아입어야 합니다. 미련을 가지면 안 됩니다. 가야 할 곳에 이를 수 없습니다.

하나님이 그 지역의 성을 멸하실 때 곧 롯이 거주하는 성을 엎으실 때에

하나님이 아브라함을 생각하사 롯을 그 엎으시는 중에서 내보내셨더라
(창세기 19:29).

여기서 '생각하다'라는 단어에는 '조각하다, 새기다'라는 뜻도 있습니다. 하나님이 아브라함을 마음속에 조각하고 새기신 것입니다.

롯이 구원받을 수 있었던 것은 그가 믿음의 길을 간 것도 있지만, 아브라함이 그 땅을 향해 바라보고 있듯이 하나님이 아브라함을 바라봤기 때문입니다. 그래서 하나님의 사람이 중요합니다. 그 땅에 하나님의 사람이 존재한다는 것이 복입니다. 하나님이 그를 기억하시기 때문입니다.

아브라함이 그 아침에 일찍이 일어나 여호와 앞에 서 있던 곳에 이르러 소돔과 고모라와 그 온 지역을 향하여 눈을 들어 연기가 옹기 가마의 연기같이 치솟음을 보았더라(창세기 19:27~28).

롯의 아내가 뒤를 돌아본 것과 아브라함이 '눈을 들어 보는 것'이 비교가 됩니다. 한 사람은 아침 일찍 일어나 하나님 안에서 소돔과 고모라를 향하여 보고 있고, 또 한 사람은 멸망 중에 있는데도 피하지 않고 뒤를 돌아봤습니다.

여기서 아브라함과 롯의 차이가 있는 것입니다. 아브라함은 아침에 하나님을 보면서 기도하면서 바라보았습니다. 아브라함은 중보기도를

하면서 바라보는데 그 기도를 받고 있는 롯의 아내는 미련을 갖고 뒤돌아봅니다. 결과적으로 롯의 아내는 굳어 버리고, 아브라함은 하나님의 뜻을 계속 이루어 갑니다.

온 세상의 도리를 따라

롯이 소알에 거주하기를 두려워하여 두 딸과 함께 소알에서 나와 산에 올라가 거주하되 그 두 딸과 함께 굴에 거주하였더니 큰딸이 작은딸에게 이르되 우리 아버지는 늙으셨고 온 세상의 도리를 따라 우리의 배필될 사람이 이 땅에는 없으니 우리가 우리 아버지에게 술을 마시게 하고 동침하여 우리 아버지로 말미암아 후손을 이어가자 하고 그 밤에 그들이 아버지에게 술을 마시게 하고 큰딸이 들어가서 그 아버지와 동침하니라 그러나 그 아버지는 그 딸이 눕고 일어나는 것을 깨닫지 못하였더라(창세기 19:30~33).

롯은 아내를 잃고 두 딸과 함께 소알로 피하여 구원을 받았습니다. 그런데 롯의 두 딸이 아버지를 범하는 사건이 벌어집니다.

후손을 잇기 위하여 큰딸이 작은딸에게 아버지에게 술을 먹여서 범하자고 합니다. 큰딸이 먼저 들어가서 아버지와 동침하고, 이튿날 작은딸이 아버지와 동침했는데, 왜 그래야만 했을까요? 아브라함이 집에서 키운 318명의 장정처럼 젊고 건강한 청년들이 광야에도 있을 텐데 왜 굳이 아버지에게 술을 먹이고 범했을까요? 그렇게 한다고 해서 종족이 보존됩니까? 그들로부터 탄생한 암몬과 모압은 이상한 족속이라 여호와의 총회에 영원히 들어가지 못한다고 했습니다.

성경이 말하고자 하는 것이 무엇입니까? 첫 번째 문제는 롯에게 있습니다. 왜 두 딸을 데리고 아브라함에게 가지 않았을까요? 어느 지경이 넘으면 돌아가고 싶어도 돌아가지 못하기 때문입니다.

노아는 홍수 심판 후에 세상 사람들이 죽고 그의 가족만 살아남았을 때 외로움에 술을 마셨습니다. 술을 마시고 벌거벗어 누운 탓에 아들 함이 저주를 받았습니다. 비록 노아가 은혜로써 구원을 받았다 하나 온전하지는 못했습니다. 하나님의 은혜를 입은 자로서 그 은혜를 지키는 싸움을 끝까지 하지 못하고 잠시 손을 놓은 것이 죄로 연결된 것입니다. 이것이 타락입니다.

마찬가지로 불 심판 때 산으로 도망친 롯은 노아처럼 술을 마셨습니다. 타락으로 곧장 이어진 것입니다. 성경에 나오는 '저주'라는 표현에는 여러 가지 의미가 있는데 그중 하나가 '포기하다'란 의미로 '하나님이 은혜를 주지 않는 상태'를 말합니다. 하나님이 땅에 은혜를 주지 않으시면 비가 내리지 않지요. 그러면 황폐해집니다. 이것이 저주입니다. 하나님께서 어떤 사람에게 내가 너에게 관여하지 않겠다 하시면 그것이 저주입니다.

함은 형제들의 종들의 종이 되는 저주를 받았고, 암몬과 모압의 자손들도 여호와의 총회에 영원히 들어오지 못하는 저주를 받았습니다. 동일한 형태로 가고 있습니다. 홍수 심판 후에 노아의 나태함이 죄로 연결되었고, 불 심판 후에 롯의 영적 둔감함이 또 죄로 연결된 것입니다.

그렇다고 해서 '가계에 흐르는 저주' 같은 이야기를 믿어서는 안 됩니다. 믿는 자에게는 가계에 흐르는 저주가 없습니다. 왜냐하면 하나님이 십자가의 은혜로 믿는 자들을 끝까지 포기하지 않으시기 때문입니다.

영적으로 깨어 있는 것이 얼마나 중요한지 아시겠습니까? 롯의 아내는 머뭇거리는 사이에 뒤돌아봤다가 소금기둥이 되었고, 롯은 동굴에서 머물다가 죄를 지었습니다. 하나님께 가지 않고 머물 때 죄를 짓는 것입니다.

롯의 두 딸에게서는 어떤 부끄러움이나 양심의 가책도 찾아볼 수 없습니다. 그래서 사람의 양심을 믿으면 안 됩니다.

"나는 지금까지 양심에 부끄러움 없이 살았어. 우리 어머니 아버지가 얼마나 깨끗하게 살았는지 알아? 법 없이도 사는 사람이 지옥에 가다니 말이 돼?"

그런 말 하지 마십시오. 법이 있기 때문에 법 없이 사는 것처럼 살 수 있었던 것입니다. 하나님이 좋은 인생을 허락해 주셨는데, 그것은 모르고 자기가 착해서 복을 받는 줄로 압니다.

양심은 시대와 문화에 따라 달라집니다. 조선시대에는 일부다처제가 죄가 아니었지만 지금은 죄입니다. 그 시대에는 죄인지 모르는 게 있습니다. 이것이 양심입니다. 인간은 죄와 늘 가깝습니다.

두 딸의 논리는 이것입니다. 큰딸이 작은딸을 설득하는 장면을 보십시오.

> 우리 아버지는 늙으셨고 온 세상의 도리를 따라 우리의 배필 될 사람이 이 땅에는 없으니 우리가 우리 아버지에게 술을 마시게 하고 동침하여 우리 아버지로 말미암아 후손을 이어가자(창세기 19:31~32).

롯이 아브라함을 좇지 않은 이유가 여기서 분명해집니다. 아브라함은 믿음의 도리를 좇는 사람이었던 반면에 롯은 세상의 도리를 좇는 사람이었기 때문입니다. 바로 이것이 그의 운명을 아브라함과 다르게 만들었습니다.

그러니까 롯이 아브라함에게 안 가는 것입니다. 아브라함이 광야에 없어서가 아니라 믿음의 도리를 좇는 아브라함에게 가지 않은 것입니다. 롯과 두 딸은 세상의 도리를 좇기 원했기 때문입니다.

결정적인 순간에 어떤 선택을 하는지 보십시오. 롯이 생각하기에 아브라함에게 돌아갔다가는 끔찍한 인생을 살 것 같습니다. 롯의 딸들은 도시 여자들입니다. 2000년대 초에 우리나라 오렌지족이 하루에 40~50만 원을 썼다고 합니다. 오렌지족 흉내를 내는 낑깡족이라는 것도 있었지요. 아르바이트를 해서 하루에 50만 원을 쓰는 불쌍한 사람들입니다. 하루에 몇 십만 원씩 펑펑 쓰던 도시 여자가 촌사람과 결혼해서 시골에서 잘 살 수 있을까요? 그럴 수 없으니까 베트남이나 필리핀에서 여자를 데려오는 것 아니겠습니까? 두 딸이 소돔과 고모라에서 보고 배운 것이 그것입니다. 그래서 아버지를 범할 수 있었습니다. 소돔과 고모라에 있다가 다시는 아브라함에게로 돌아갈 수 없는 상태가 되어 버린 것입니다. 지극히 세상적인 관점을 갖게 되었습니다.

롯이 애굽을 에덴동산처럼 봤기 때문에 요단 온 들을 물댄 동산처럼 봤습니다. 두 딸들도 마찬가지입니다. 그들 눈에는 이제 세상 것만 보입니다. 믿음에는 관심이 없으니 세상 사람처럼 되었습니다. 이게 타락입니다.

롯은 이후로 역사 속에서 사라져 버렸습니다. 큰딸이 아들을 낳아 모압의 조상이 되고, 작은딸도 아들을 낳아 이름을 벤암미라 하여 암몬 족속의 조상이 됩니다. 롯은 이상한 족속들을 낳았다는 이야기를 끝으로 사라져 버렸습니다.

롯도 아브라함과 같이 믿음의 길을 떠났던 사람입니다. 택함을 받은 게 중요한 것이 아니라 어떻게 살았는가가 중요합니다. 그의 삶이 후대에 본보기가 되기 때문입니다. 따라야 할 본보기가 있는가 하면 절대 따르지 말아야 할 본보기가 있습니다. 롯처럼 사라지는 존재가 되지 마십시오.

살아 있다고 축복이 아닙니다. 어떻게 사는가가 중요합니다. 뭐가 축복인 줄 아십니까? 깨끗한 것이 바로 축복입니다.

> 아브라함이 거기서 네게브 땅으로 옮겨가 가데스와 술 사이 그랄에 거
> 류하며 그의 아내 사라를 자기 누이라 하였으므로 그랄 왕 아비멜렉이
> 사람을 보내어 사라를 데려갔더니(창세기 20:1~2).

네게브는 거친 땅입니다. 개역한글성경에는 '남방'이라고 되어 있습니다. 남방 광야의 거친 땅을 가리킵니다. 그랄 왕 '아비멜렉'은 이름이 아니라 블레셋 왕의 호칭입니다. '네 아버지는 왕이다'라는 뜻입니다. '바로'가 이집트 왕의 호칭이듯 말입니다.

창세기 20장을 이해하는 데 있어서 먼저 알아야 할 것이 있습니다. 첫째는 아브라함이 별안간 아비멜렉에게로 간 이유입니다. 멀쩡히 잘 살다가 아비멜렉에게로 가서 사라를 또 빼앗기게 되었기 때문입니다. 둘째는 아브라함은 왜 이번에도 아내 사라를 누이라고 속였을까요? 아비멜렉은 늙은 사라를 왜 데려갔을까요? 창세기 12장에서 극심한 기근을 피해 애굽으로 내려갔을 때, 왕이 사래의 미모를 보고 데려가자 아브람이 누이라고 하자고 속였습니다. 당시 사래는 누가 봐도 눈에 띌 정도로 아리따웠습니다.

그러나 이제 90세가 된 사라가 아직도 남자들이 탐할 만큼 고울 리가 없습니다. 아무리 곱게 늙었다고 해도 젊은 여성을 따라가지는 못했을 것입니다. 세월을 이기지는 못하는 법이니까요. 그런데 아비벨렉은 무

엇 때문에 아흔 살이나 된 할머니를 데려갔을까요?

여기에는 두 가지 이유가 있습니다. 이것이 설명되지 않으면 안 됩니다. 첫 번째 이유는, 아브라함이 사라를 자기 누이라고 소개했기 때문입니다. 옛날에 애굽에 내려갔을 때에는 너무 아름답기 때문에 할 수 없이 누이라고 속여야 했습니다. 그런데 이번에는 오히려 누이라고 했기 때문에 데려갔습니다. 만일 누이라고 소개하지 않았더라면 데려가지 않았을지도 모릅니다. 아브라함이 솔직하게 자기 아내라고 소개했다면 그런 일은 일어나지 않았을지도 모릅니다. 그러나 아브라함은 지레 겁을 먹고 사라를 누이라고 속였습니다.

둘째는 아브라함이 애굽으로 내려가 사라를 누이라고 속여서 애굽 왕에게 빼앗길 때에는 가나안 땅에 심한 기근이 있었기 때문입니다. 그런데 블레셋에는 무슨 이유로 내려갔냐는 것입니다. 소돔과 고모라는 사해 밑에, 블레셋은 사해 해변에 있었습니다. 네게브는 남쪽 밑을 가리킵니다. 아브라함은 이 길을 따라 이동했던 것입니다. 바로 이것 때문입니다.

소돔과 고모라와 그 온 지역을 향하여 눈을 들어 연기가 옹기 가마의 연기같이 치솟음을 보았더라(창세기 19:28).

소돔과 고모라에 유황과 불이 내렸습니다. 하나님의 심판으로 인해 초자연적인 재해가 있었던 겁니다. 아브라함이 광야에서 바라볼 수 있을 정도로 큰 연기가 났다면 주변에도 피해가 매우 컸을 것입니다. 예를 들어서 화산 하나가 폭발해도 그 지역 전체에 큰 재해를 입힙니다. 그런데 소돔과 고모라는 하나님의 초자연적인 심판이었으니 그 재해가 얼마나 컸겠습니까? 아브라함은 목축을 하는 사람이라 풀과 물을 찾아다녀야 합니다. 애굽에 내려갈 때도 기근이 있어서 간 것처럼 이번에는 소돔과 고모라 심판으로 주변 지역이 재해를 입었으니 이동할 수밖에 없는 상황이었습니다.

애굽까지는 갈 수 없지만 최대한 재해를 피해서 내려간다고 간 것이 블레셋이었습니다. 문제는 아브라함만 블레셋으로 간 것이 아니라는 점입니다. 소돔과 고모라 지역 근처에 사는 모든 족속들에게도 이 재해가 미쳤을 것이므로 그들도 블레셋으로 이동했을 것입니다. 광야에서 목축을 하는 모든 족속의 대규모 이동이 있었던 것입니다. 그랄 왕의 입장에서는 매우 위협적인 상황입니다. 게르만족의 대이동이 유럽인들에게 큰 위협이 되었듯이, 당시 족속들의 이동은 주변 나라들의 생존에 위협이 되는 심각한 문제였습니다. 그래서 정략결혼이 필요했던 것입니다.

그중에서도 아브라함 족속은 318명만으로도 북방의 맹주들로부터 롯을 구해 낸 아주 유명하고 소문난 족속입니다. 아브라함의 용맹과 소돔 왕의 재물도 거부한 배짱과 그와 항상 동행하시는 하나님에 대해서 소문이 났을 것입니다.

그래서 그랄 왕이 아브라함을 선택했는데, 아브라함 입장에서는 그랄 왕이 두렵습니다. 여전히 믿음이 자라야 할 단계에 있기 때문입니다. 다시 세상의 세력을 보니 두려워져서 사라를 누이라고 속였습니다.

그랄 왕 입장에서는 아브라함과 동맹을 맺기 위해서는 누이와 정략결혼 하는 것이 현명한 대처법이었을 것입니다. 당시 정략결혼을 통해 족속 간의 평화를 유지하는 일은 특별한 것이 아니었습니다. 아브라함이 누이라고 소개했으니 별 의심 없이 데려갔을 것입니다.

아비멜렉이 사라를 데려갔다는 것은 후궁으로 데려갔다는 뜻입니다. 아브라함은 아내를 지킬 만한 능력이 없었습니다.

창세기 20장에서 나타난 아브라함의 모습을 탓하면 안 됩니다. 그는 당시 시대 상식에 맞게 살아간 것입니다. 믿음으로 끝까지 버티지 않았다고 해서 실망할 필요가 없습니다. 반대로 믿음의 조상이라고 해서 무조건 숭배할 것도 없습니다. 아브라함도 피조물인 한 사람에 불과합니다. 특별하지 않습니다. 아브라함이 사라를 누이라고 넘긴 사건을 통해서 아브라함의 윤리와 도덕을 탓하면 성경이 말하는 의도를 벗어나게 됩니다.

아브라함은 75세에 하란에서 믿음의 길을 떠나서 100년간 하나님과 함께했습니다. 그 100년의 삶에서 사라를 누이로 속인 사건이 두 번이나 있었습니다. 성경 기자는 단순히 아브라함의 잘못을 탓하기 위해 이 사건을 기록한 것이 아닙니다. 창세기 12장에서 믿음의 길을 걷던 아브라함이 저지른 실수를 창세기 20장에서 다시 드러낸 이유에 초점을 맞추어야 합니다.

그 밤에 하나님이 아비멜렉에게 현몽하시고 그에게 이르시되 네가 데려간 이 여인으로 말미암아 네가 죽으리니 그는 남편이 있는 여자임이라 아비멜렉이 그 여인을 가까이하지 아니하였으므로 그가 대답하되 주여 주께서 의로운 백성도 멸하시나이까 그가 나에게 이는 내 누이라고 하지 아니하였나이까 그 여인도 그는 내 오라비라 하였사오니 나는 온전한 마음과 깨끗한 손으로 이렇게 하였나이다 하나님이 꿈에 또 그에게 이르시되 네가 온전한 마음으로 이렇게 한 줄을 나도 알았으므로 너를 막아 내게 범죄하지 아니하게 하였나니 여인에게 가까이하지 못하게 함이 이 때문이니라(창세기 20:3~6).

하나님이 얼마나 급하셨으면 그날 밤에 바로 말씀하셨겠습니까? 아비멜렉이 하나님께 스스로를 '의로운 백성'이라고 했을 때, '의'는 하나님과 관계에서의 '의'가 아니라 윤리 도덕적 측면에서 '의'를 의미합니다. 상대적인 의입니다.

"나는 아직 여인을 범하지 않았습니다. 게다가 이 여인을 강제로 취하려고 한 것도 아니고 남편인 아브라함이 누이라고 속였으니 내게는 잘못이 없습니다. 사라 자신도 아브라함을 오라비라고 부르지 않았습니까?"

아비멜렉이 하나님께 선처를 호소합니다.

이제 그 사람의 아내를 돌려보내라 그는 선지자라 그가 너를 위하여 기도하리니 네가 살려니 네가 돌려보내지 아니하면 너와 네게 속한 자가 다 반드시 죽을 줄 알지니라(창세기 20:7).

'선지자'란 '대변인, 예언자'라는 뜻입니다. 여기서 '기도'한다는 것은 둘 사이를 중재한다는 뜻입니다. 하나님은 아브라함이 선지자라고 하십니다. 이것이 세상 속에서 하나님이 주신 아브라함의 신분입니다. 아브라함은 아비멜렉의 힘이 무서워서 살기 위해 사라를 누이라고 속여 보냈는데, 하나님은 아비멜렉에게 아브라함이 너를 위해 기도해야만 네가 살 수 있다고 말합니다.

우리의 현실은 여전히 아비멜렉이 왕권을 쥐고 있고, 세상이 힘을 가지고 있습니다. 그러나 성경은 그렇게 말하지 않습니다. 이 땅을 위해 하나님께 기도하는 하나님의 사람들이 있어야 그들이 살고, 하나님의 사람이 없으면 그들이 죽는다고 말합니다.

하나님은 아브라함이 기도해 주어야 아비멜렉이 살 수 있다고 말씀하십니다. 선지자의 기도를 들으신다는 뜻입니다. 이것이 세상 속에서 그리스도인의 위치입니다.

여호와께서 또 아론에게 진노하사 그를 멸하려 하셨으므로 내가 그때에도 아론을 위하여 기도하고 너희의 죄 곧 너희가 만든 송아지를 가져다가 불살라 찧고 티끌같이 가늘게 갈아 그 가루를 산에서 흘러내리는 시내에 뿌렸느니라(신명기 9:20~21).

금송아지 사건에서도 모세가 아론을 위하여 중재하며 기도한 바 있습니다. 하나님은 모세의 기도를 통해 역사하셨습니다.

이 땅의 정치는 대통령이 하는 것 같습니다. 전쟁은 군사력으로 지키는 것 같습니다. 정권은 대통령이 갖고 있고, 군사력은 장군이 갖고 있는 것으로 보입니다. 그러나 하나님은 믿음의 사람이 기도할 때 비로소 그 힘이 힘 되게 만드십니다. 믿는 사람들의 기도가 그만큼 중요합니다.

아비멜렉이 그날 아침에 일찍이 일어나 모든 종들을 불러 그 모든 일을 말하여 들려 주니 그들이 심히 두려워하였더라 아비멜렉이 아브라함을 불러서 그에게 이르되 네가 어찌하여 우리에게 이렇게 하느냐 내가 무슨 죄를 네게 범하였기에 네가 나와 내 나라가 큰 죄에 빠질 뻔하게 하였느냐 네가 합당하지 아니한 일을 내게 행하였도다 하고 아비멜렉이 또 아브라함에게 이르되 네가 무슨 뜻으로 이렇게 하였느냐 아브라함이 이르되 이곳에서는 하나님을 두려워함이 없으니 내 아내로 말미암아 사람들이 나를 죽일까 생각하였음이요 또 그는 정말로 나의 이복 누이로서 내 아내가 되었음이니라 하나님이 나를 내 아버지의 집을 떠나 두루 다니게 하실 때에 내가 아내에게 말하기를 이후로 우리의 가는 곳마다 그대는 나를 그대의 오라비라 하라 이것이 그대가 내게 베풀 은혜라 하였었노라(창세기 20:8~13).

창세기 20장을 통해서 하나님은 아브라함의 신분을 드러내셨습니다.

그러나 아브라함은 여전히 아비멜렉의 힘을 두려워하고 있습니다.

아비멜렉은 아침 일찍, 즉 새벽에 일어나 종들에게 간밤에 하나님께 들은 이야기를 들려주었습니다. 들은 사람들이 모두 "심히 두려워"했습니다. '종교적으로 경외'했다는 뜻입니다. 히브리 원어를 보면 창세기 20장 11절의 "이곳에서는 하나님을 두려워함이 없으니"라는 아브라함의 말 앞에 '분명히'라는 말이 붙어 있습니다. 이 땅이 하나님을 두려워하지 않는 것을 아브라함이 분명히 봤다는 것입니다.

아브라함이 하란에서 믿음의 길을 떠날 때가 75세입니다. 그리고 25년간을 하나님과 함께 믿음으로 달려왔습니다. 아브라함이 99세에 하나님이 나타나셔서 이름을 바꿔 주시고 할례의 언약을 주셨습니다. 이 사건은 하나님이 약속의 아들인 이삭을 주기 직전에 터졌습니다. 하나님이 이삭을 주기 전에 아비멜렉을 통해서 아브라함의 문제를 드러내신 것입니다.

아브라함이 이르되 이곳에서는 하나님을 두려워함이 없으니 내 아내로 말미암아 사람들이 나를 죽일까 생각하였음이요 또 그는 정말로 나의 이복 누이로서 내 아내가 되었음이니라 하나님이 나를 내 아버지의 집을 떠나 두루 다니게 하실 때에 내가 아내에게 말하기를 이후로 우리의 가는 곳마다 그대는 나를 그대의 오라비라 하라 이것이 그대가 내게 베풀 은혜라 하였었노라(창세기 20:11~13).

아브라함이 아비멜렉에게 사라를 누이라고 속인 것에 대한 답변을 보면 그가 어떤 마인드로 믿음의 길을 갔는지를 알 수 있습니다. 믿음의 길을 시작할 때부터 '가는 곳마다 사라를 누이라 하겠다'고 결정한 것입니다. 그리고 실제로 기근이 들자 애굽에 내려가서 바로에게 사라를 누이라고 속였습니다. 그런데 놀랍게도 25년간 하나님 안에서 믿음을 배웠음에도 아브라함의 이 마인드가 여전히 변하지 않습니다.

믿음의 복이 무엇인지를 증명해야 할 아브라함이 결정적인 순간에는 세상의 방법대로 행하였습니다. 끝까지 변하지 않는 아브라함의 이 마인드를 하나님은 그냥 두지 않으셨습니다. 소돔과 고모라를 위해서 중보기도를 할 만큼 아브라함은 성숙해졌지만 아직도 자신의 것이 남아 있었습니다. 이제 아브라함은 창세기 21장에서 약속의 자녀인 이삭이 태어나는 축복을 받고 창세기 22장에서 이삭을 바침으로 하나님을 믿는 믿음의 위대함이 무엇인지를 보여 줘야 합니다. 그런데도 아브라함은 생명의 위협을 받으면 여전히 자신의 방법으로 피하고 있는 것입니다.

세상 속의 선지자로 부름을 받았는데 세상을 두려워하고 있습니다. 아브라함이 기도해야 아비멜렉이 살 수 있는데 오히려 아브라함이 살고자 아비멜렉을 두려워하고 있는 것입니다. 생명의 주권자가 누구인지를 놓치고 있는 것입니다. 하나님이 아비멜렉 앞에서 자신이 어떤 분임을 알려줌으로써 아브라함의 부족한 부분을 자라게 하셨습니다.

하나님은 이번 사건을 통해 변하지 않는 아브라함의 마인드를 드러냄으로 아브라함이 세상 속에서 어떻게 부름 받았는지와 생명의 주권자가 누구인지를 분명히 알려 주셨습니다. 아브라함은 이 사건을 통해 세상 속에서 자신의 신분을 배우게 되었고, 100세에도 생명을 만드시는 하나님의 능력을 맛봄으로 신앙이 자라게 됩니다. 자신의 생명을 위해서 아내인 사라를 넘겼는데 창세기 22장에 가면 독자 이삭을 드릴 만큼 믿음이 자랐습니다.

믿음의 길은 하루아침에 완성되지 않습니다. 아브라함의 전 인생을 통해서 하나님께서 만들어 가십니다. 타협도 하고 실수도 하면서 하나님을 알아 가는 것입니다. 아브라함도 두려움 때문에 아내를 누이라고 속였습니다. 아브라함은 세상의 선지자입니다. 그런 아브라함이 수치를 당할 때가 언제인지 아십니까? 하나님 앞에서 믿음으로 서지 못할 때입니다. 그리스도인의 수치는 세상으로부터 오는 것이 아니라 하나님을 놓치는 데서부터 옵니다.

만약에 세상 속에서 교회가 무너지면 걷잡을 수 없이 타락할 것입니다. 그렇게 되면 심판이 올 수밖에 없습니다. 무협지를 보면 진짜 고수들은 주방에서 잔일을 하며 세상을 유유히 바라봅니다. 그러다가 위기가 닥치면 젓가락 두 개로 모든 걸 끝내 버립니다. 이게 바로 그리스도인의 모습입니다. 세상 사람들이 돈과 명예와 권력을 자랑할 때 우리는 세상 속에서 하나님과 동행하며 유유히 지내다가 위기가 닥칠 때 기도의 힘을 발휘하면 됩니다. 그런데 선지자, 중보기도자의 신분을 망각하고 세상을 부러워하다 보면 타락이 영혼을 덮치는 법입니다.

당신이 드리는 주일예배를 하나님께서 기쁘게 받으실까에 대해서 생각해 보십시오. 세상 사람들에게는 하나님을 나의 왕이라고 소개하면서 정작 하나님을 왕처럼 모시지 않고 살지 않습니까? 현실적으로는 세상을 더 많이 좇으며 살지 않습니까? 그러니 세상 사람들이 그리스도인을 어떻게 보겠습니까? 자기의 신앙이 자기 자신을 모독당하게 만드는 것입니다. 우리도 아브라함처럼 신앙생활을 몇 십 년 했음에도 여전히 변하지 않는 부분이 있을 것입니다. 더욱 하나님 앞에서 자라 가시기 바랍니다.

사라는 결백하다

아비멜렉이 양과 소와 종들을 이끌어 아브라함에게 주고 그의 아내 사라도 그에게 돌려보내고 아브라함에게 이르되 내 땅이 네 앞에 있으니 네가 보기에 좋은 대로 거주하라 하고 사라에게 이르되 내가 은 천 개를 네 오라비에게 주어서 그것으로 너와 함께한 여러 사람 앞에서 네 수치를 가리게 하였노니 네 일이 다 해결되었느니라 아브라함이 하나님께 기도하매 하나님이 아비멜렉과 그의 아내와 여종을 치료하사 출산하게 하셨으니 여호와께서 이왕에 아브라함의 아내 사라의 일로 아비멜렉의 집의 모든 태를 닫으셨음이더라(창세기 20:14~18).

아비멜렉이 사라를 데려간 바로 그날 밤에 하나님이 아비멜렉에게 현몽하여 사라를 구하셨습니다. 그러는 사이에 하룻밤이 지났습니다. 그리고 아브라함이 기도해서 아비멜렉의 모든 집의 닫힌 태가 열렸다고 합니다. 그 전까지 태가 닫혀 있었는데 하룻밤 사이에 아브라함이 기도하자 태가 열린 것입니다. 그런데 무엇으로 태가 열린 것을 알 수 있습니까? 게다가 사라 때문에 그 집의 모든 태를 닫으셨다고 합니다.

또 한 가지 문제가 있습니다. 과연 아비멜렉이 사라와 동침하지 않았다는 것을 무엇으로 증명할 수 있습니까? 어찌됐든 외적으로는 왕이 성관계를 하기 위해서 여자와 하룻밤을 자고 나왔습니다. 남자와 여자가 호텔에 들어가서 아침까지 있다가 "내가 꿈을 꾸었는데 하나님이 하지 말라고 해서 못했다" 하고 말하면 되는 것입니까? 이 문제는 굉장히 중요합니다. 창세기 20장에서 이 문제를 풀고 넘어가지 않으면 그 다음 장이 막히게 되어 있습니다. 왜냐하면 이 일이 있은 지 1년쯤 뒤에 사라를 통해서 이삭이 태어납니다.

아브라함이 아기를 못 낳는 것은 모두가 아는 사실입니다. 그럼 이삭이 아비멜렉의 아이인지 아닌지 어떻게 증명할 것입니까? 그때까지 아브라함과의 사이에서 아기를 갖지 못했는데, 아비멜렉과 하룻밤을 보낸 뒤에 임신을 했으니 논란의 여지가 충분히 있습니다.

아브라함이 하나님께 기도하여 "하나님이 아비멜렉과 그의 아내와 여종을 치료하사 출산하게 하셨다"고 했습니다. 도대체 무엇을 치료했느냐가 중요한 문제입니다.

그것은 바로 성병이었습니다. 아비멜렉에게 성병이 있었습니다. 그래서 그와 관계한 모든 여자들에게 성병이 있어서 임신할 수 없었습니다. 만약에 아비멜렉이 사라와도 동침했다면 사라도 성병에 걸렸을 것입니다. 그러나 사라는 멀쩡했습니다.

하나님께서 아비멜렉에게 선지자 아브라함의 기도를 받으라고 말씀하셨습니다. 요청을 받은 아브라함이 그를 위해 기도하자 하나님이 성병을 치료해 주신 것입니다. 아비멜렉과 그의 아내와 여종들을 치료해 주셨습니다. 모두가 동시에 치료된 것을 본인들은 아는 것입니다. '출산하다'는 실제로 아이를 낳는 것을 의미하는 것으로 아비멜렉이 앓고 있던 '성적인 것'과 관련된 질병을 치료한 것입니다.

아비멜렉이 문란한 성생활로 인해 걸린 성병을 하나님께서 일부러 방치하신 것입니다. 아비멜렉에게는 징계였고, 더 본질적으로는 사라를 보호하기 위한 장치였습니다.

하나님이 역사를 운행하시는 방법이 얼마나 치밀한지 모릅니다. 하나님의 섭리란 그렇게 단순하지 않습니다. 하나님은 아브라함이 재앙으로 말미암아 블레셋으로 향할 때 이미 이런 사건을 염두에 두고 아비멜렉을 문란함 속에 두셨고 사라의 정함을 인정하기 위해 성병으로 태를 닫아 버리셨던 것입니다. 이것이 하나님의 역사입니다. 사라를 지키기 위한 하나님의 섭리입니다. 하나님이 운행하고 섭리하시는 역사는 한 치의 오차도 없습니다.

사라에게 이르되 내가 은 천 개를 네 오라비에게 주어서 그것으로 너와 함께 한 여러 사람 앞에서 네 수치를 가리게 하였노니 네 일이 다 해결되었느니라(창 20:16).

아비멜렉이 사라의 수치를 가리기 위해 은 천 개를 주었지만, 실질적으로 모든 사람이 사라의 정함을 인정해 줘야 이삭이 정정당당하게 아브라함의 씨가 됩니다.

그렇지 않으면 누가 100세에 아들을 낳았다는 말을 곧이듣겠습니까? 아비멜렉의 씨일 수도 있다는 얘기가 돌 것입니다. 약속의 자녀 이삭이 사생아가 되는 것입니다.

하나님은 이삭을 보호하기 위해서 사라를 보호하셨습니다. 아브라함의 기도로 그들이 고침 받고 다 나았기 때문에 아브라함은 선지자로서 인정을 받았고 사라는 정함을 인정받았습니다.

아브라함과 사라의 정함을 통해 2세대가 나왔습니다. 믿음의 2세대 이삭의 출생은 아브라함과 사라의 능력이 아니라, 단순히 출산이 불가능할 정도로 나이가 많아서 불가능한 출산이었다는 것이 아니라, 이삭의 출생 자체가 하나님의 보호 아래 있음을 드러내는 사건입니다. 하나님이 아비멜렉으로부터 아브라함도 지켰고 사라도 지켜 주셔서 아브라함의 영적 후손인 이삭은 그들의 능력을 넘어서 하나님의 선택과 보호하심 아래 있는 하나님의 자녀로 인정받도록 하셨습니다.

· · ·

믿음의 길은 하루아침에 완성되지 않습니다.

타협도 하고 실수도 하면서

하나님이 만들어 가십니다.

Part 4

믿음의
영역을
넓히라

날마다 자기 십자가를 지고
몸을 쳐서 복종케 해야 합니다.

Chapter 7

날마다 육적인 것을 몰아내라

말씀하신 대로

> 여호와께서 말씀하신 대로 사라를 돌보셨고 여호와께서 말씀하신 대로 사라에게 행하셨으므로 사라가 임신하고 하나님이 말씀하신 시기가 되어 노년의 아브라함에게 아들을 낳으니(창세기 21:1~2).

"말씀하신 대로", "말씀하신 대로", "말씀하신 시기가 되어." 히브리어에서 반복은 최상급 강조입니다. 하나님의 말씀에 거짓이 없다는 것을 무척 강조하고 있습니다.

사람은 말과 행동이 다릅니다. 그러나 하나님의 말씀은 곧 행동입니다. 하나님이 말씀하신 것은 곧 그대로 이루어지는 것입니다. 하나님이 말씀하신 시기에 말입니다. 이삭의 출생이 하나님이 말씀하신 대로 이루어졌습니다. 사라를 돌보고, 사라가 임신하고 출산할 수 있도록 행하시는 분이 바로 하나님이십니다. 하나님이 보살피고 방문해서 만들어낸 사랑의 사건인 것입니다. 좀 더 빨리 해주셨으면 했지만 하나님의 때에, 아브라함이 100세가 되었을 때에 이루게 하셨습니다.

> 아브라함이 그에게 태어난 아들 곧 사라가 자기에게 낳은 아들을 이름하여 이삭이라 하였고 그 아들 이삭이 난 지 팔 일 만에 그가 하나님이 명령하신 대로 할례를 행하였더라 사라가 이르되 하나님이 나를 웃게 하시니 듣는 자가 다 나와 함께 웃으리로다 또 이르되 사라가 자식들을 젖먹이겠다고 누가 아브라함에게 말하였으리요마는 아브라함의 노경에 내가 아들을 낳았도다 하니라(창세기 21:3~7).

'태어난 아들', '낳은 아들' 또 반복해서 강조하고 있습니다. '이삭'의 뜻은 '웃음'입니다. 사라는 하나님의 예언을 듣고 비웃었는데, 하나님은 사라로 하여금 진정으로 웃게 만드셨습니다. 아브라함은 노경에, 즉 늘그막에 아들을 낳았다고 강조합니다. 아브라함 스스로 할 수 없는 일임을 고백한 것입니다.

아브라함의 신앙에서 할례는 매우 중요한 언약입니다. 아브라함은 하나님이 그에게 말씀하신 대로 준수했습니다. 이제부터 하나님의 말씀을 따라 준수하는 아브라함의 모습이 계속해서 나옵니다. 이삭에게 할례를 준수하고, 이스마엘을 쫓아내는 것도 준수하고, 이삭을 바치라는 말씀도 준수합니다.

이렇게 "하나님이 명령하신 대로" 준수하는 것은 그리스도인들이 지켜야 할 가장 중요한 덕목 중에 하나입니다. '하나님의 말씀대로 사는가'가 신앙의 성숙도를 알 수 있는 유일한 기준입니다. 아브라함이 하나님의 말씀대로 살아간다는 것은 신앙적으로 성숙했다는 뜻입니다.

하나님의 시기에 하나님의 역사를 맛보는 동안에 아브라함의 믿음이 자랐습니다. 내 지혜와 내 방법대로 산다면 믿음은 절대로 자랄 수 없습니다. 그러나 내가 손을 내려놓는 순간 하나님이 역사하시는 것을 보면 믿음이 생기고 자라납니다. "아, 하나님께서 일하시는구나" 하고 깨닫습니다. 믿음은 하나님의 일하심으로 자라납니다. 믿음이 자라니까 또 말씀을 따라 준수할 수 있게 됩니다.

90세 할머니가 아들을 낳아 젖을 먹이다니… 자랑할 만합니다. 누가 봐도 하나님이 하신 일이 분명하기 때문입니다. 자기가 한 일을 자랑하면 교만이지만 하나님이 하신 일을 자랑하면 영광이 됩니다.

> 아이가 자라매 젖을 떼고 이삭이 젖을 떼는 날에 아브라함이 큰 잔치를 베풀었더라(창세기 21:8).

히브리인들은 보통 서너 살까지 젖을 먹입니다. 그때쯤 되어야 단단

한 음식을 먹을 수 있기 때문에 잔치는 그 이후에 베풉니다. 그러나 아브라함 가정에는 여전히 문제가 남아 있었습니다. 육의 씨가 남아 있기 때문입니다.

이제부터 우리는 아브라함으로부터 이삭에게로, 믿음 1세대에서 2세대로 넘어가는 과정을 통해 영의 씨와 육의 씨가 절대로 공존할 수 없음을 보게 될 것입니다.

부정과 거룩이 공존할 수 없다

> 사라가 본즉 아브라함의 아들 애굽 여인 하갈의 아들이 이삭을 놀리는 지라(창세기 21:9).

성경 기자는 이스마엘의 이름을 의도적으로 생략시켰습니다. 대신 미천한 신분인 '애굽 여인 하갈의 아들'로만 부릅니다. 왜 생략했을까요? 이름을 사용하면 이삭과 친형제로 오해할 수도 있기 때문입니다. 애굽 여인, 그것도 여종의 아들이라는 신분을 명확히 밝힘으로써 아브라함의 일가로서의 그의 존재를 인정하지 않겠다는 뜻입니다.

'웃음'이란 뜻의 이삭은 히브리어로 '이츠하크'(יִצְחָק)이고, '놀리다'는 '메차헤크'(מְצַחֵק)입니다. 여기서 쓰인 '놀리다'는 '장난치다, 조롱하다, 희롱하다'라는 뜻입니다. 이스마엘이 이삭을 희롱한 사건을 강조한 히브리식 언어유희인 셈입니다.

이스마엘이 이삭을 말로만 놀리지 않고 어떤 행동까지도 했던 것으로 보입니다. '놀리다'가 쓰인 다른 구절들을 살펴보면, 이스마엘이 그랬을 가능성이 큰 것을 알 수 있습니다.

이삭이 거기 오래 거주하였더니 이삭이 그 아내 리브가를 껴안은 것을 블레셋 왕 아비멜렉이 창으로 내다본지라"(창세기 26:8).

이삭이 혹독한 기근을 피하느라 블레셋으로 피신했을 때 아내 리브가를 누이라고 속인 일이 있습니다. 아무도 없을 때 리브가를 껴안았는데, 이때 쓰인 '껴안다'도 이삭을 희롱했다는 단어와 같은 의미입니다.

이튿날에 그들이 일찍이 일어나 번제를 드리며 화목제를 드리고 백성이 앉아서 먹고 마시며 일어나서 뛰놀더라(출애굽기 32:6).

이스라엘 백성이 송아지 형상을 만들어 우상 숭배하는 장면입니다. 여기서 쓰인 '뛰놀다'도 '희롱하다'와 같은 의미입니다. 고대 우상숭배자들은 의식의 마지막에 성적 행위를 하곤 했습니다. 따라서 '뛰놀다'에는 성적 타락의 의미가 포함되어 있습니다.

열세 살이 될 때까지 외동아들로서 아브라함의 관심을 받고 자란 이스마엘입니다. 비록 첩의 아들이기는 하지만 큰아들로서 은근히 힘을 과시하고 싶었을 것입니다.

> 형제들아 너희는 이삭과 같이 약속의 자녀라 그러나 그때에 육체를 따라 난 자가 성령을 따라 난 자를 박해한 것같이 이제도 그러하도다 (갈라디아서 4:28~29).

바울은 '육체를 따라 난 자'는 이스마엘이고, '성령을 따라 난 자'는 이삭이라고 분명히 밝히고 있습니다. 그는 이스마엘이 '약속의 자녀'를 박해했다고 말합니다.

> 그가 아브라함에게 이르되 이 여종과 그 아들을 내쫓으라 이 종의 아들은 내 아들 이삭과 함께 기업을 얻지 못하리라 하므로(창세기 21:10).

이스마엘이 이삭을 놀리는 것을 목격한 사라는 단호하게 대처합니다. '여종과 그 아들'을 '내쫓으라'는 것은 '인연을 끊다, 추방하다, 법적 상속권에서 제거시키다'라는 의미입니다. 사라는 이스마엘이 이삭과 "함께 기업을 얻지 못할 것"이라고 주장합니다. 하지만 당시의 관습상 비록 서자라고 해도 함부로 쫓아낼 수는 없는 노릇이었습니다.

사라가 감정에 휩싸여서 아브라함에게 무리한 요구를 한 것일까요? 아닙니다. 단순히 감정에 의해서 여종의 아들을 쫓아내려는 것이 아니었습니다. 사라는 육의 씨와 영의 씨가 공존할 수 없음을 본 것입니다.

그래서 이삭과 함께 기업을 얻을 수 없음을 단호하게 말했습니다. 여종의 아들과 인연을 끊고 법적 상속에서 아예 지우라는 것입니다. 사라는 이삭만이 하나님의 구속사의 주역이 될 수 있다고 주장하고 있는 것입니다. 이스마엘은 구속사의 주역이 될 수 없다는 뜻입니다. 그러나 아브라함은 근심했습니다.

> 아브라함이 그의 아들로 말미암아 그 일이 매우 근심이 되었더니
> (창세기 21:11).

단순히 아비의 정 때문에 우유부단하게 근심한 것이 아닙니다. 창세기 17장에서 하나님이 할례를 행하라고 명령하실 때 아브라함이 이스마엘에게 할례를 행했지요. 그때 아브라함이 어떤 마음에서 했는지 아십니까? 하물며 종이라도 하나님의 은혜 안에 들어오면 할례를 받는데, 이스마엘이 비록 서자이지만 하나님 안에서 자라나기를 소망했을 것입니다. 구속사의 주역이 되지 못하더라도 말입니다.

그리고 아브라함은 자기와 함께 신앙 공동체를 이루었던 롯이 요단 온 들로 떠난 뒤에 어떤 일들을 겪었는지 잘 알고 있었습니다. 믿음의 공동체를 떠난 자의 결말이 어떠한지를 봤습니다. 이스마엘을 내치면 롯처럼 빛을 잃고 스러져 가지는 않을까 하는 두려움이 있었을 것입니다. 하나님의 은혜에서조차 끊기고 끔찍한 말년을 보낼까 봐 걱정되었을 것입니다.

하나님이 아브라함에게 이르시되 네 아이나 네 여종으로 말미암아 근심하지 말고 사라가 네게 이른 말을 다 들으라 이삭에게서 나는 자라야 네 씨라 부를 것임이니라(창세기 21:12).

하나님은 사라의 편을 드셨습니다. 사라가 감정으로만 결정한 것이 아니라는 것입니다. "이삭에게서 나는 자라야 네 씨라 부를 것"이라는 것은 단순히 이삭의 자손이 아브라함의 씨로 인정받을 것이라는 의미를 넘어서, 이스마엘과 그의 후손들까지도 아브라함의 씨가 될 수 없다는 뜻을 포함하고 있습니다. 아브라함에게 주셨던 축복을 이어 갈 자는 오직 이삭뿐입니다. 따라서 이삭의 후손만이 아브라함의 축복을 받을 자격이 있습니다. 이삭이야말로 유일한 첫 번째 열매입니다.

그러나 여종의 아들도 네 씨니 내가 그로 한 민족을 이루게 하리라 하신지라(창세기 21:13).

그리고 나서 하나님이 아브라함을 위로하셨습니다. 그가 낳은 육의 씨를 인정하며 은혜를 베푸셨습니다. 다만 영적인 축복은 배제되었습니다.

육적인 것을 남겨 놓으면 어느새 자라나기 때문입니다. 그대로 보존되는 법이 없습니다. 육적인 영향력이 점점 더 커질 수 있습니다. 그래서 육적인 것과 영적인 것이 공존할 수 없는 것입니다.

당신의 내면에서도 마찬가지입니다. 하나님을 닮아 가기 위해 한편으로는 거룩을 추구하고, 다른 한편으로는 거룩을 방해하는 것을 끊고 제하는 것이 동시에 필요합니다.

성령을 좇을 때에는 육적인 방해가 있게 마련입니다. 날마다 육적인 것을 끊고 몰아내는 싸움을 해야 합니다. 예수님께서 말씀하셨듯이 예수님을 따르려면 "누구든지 자기를 부인하고 자기 십자가를 지고 따라야"(막 8:34) 합니다. 오늘은 오늘의 십자가가, 내일은 내일의 십자가가 있습니다. 날마다 자기 십자가를 지고 몸을 쳐서 복종케 해야 합니다.

> 아브라함이 아침에 일찍이 일어나 떡과 물 한 가죽부대를 가져다가 하갈의 어깨에 메워 주고 그 아이를 데리고 가게 하니 하갈이 나가서 브엘세바 광야에서 방황하더니(창세기 21:14).

아브라함은 순종할 때면 항상 말없이 빠르게 움직입니다. 아침에 일찍 일어나서 하갈과 이스마엘에게 먹을 것을 주고 내보냈습니다. 그러자 하갈 모자가 브엘세바 광야에서 방황했습니다. 여기서 '방황하다'는 '옆길로 빗나가다'라는 뜻입니다. 브엘세바는 맹세의 우물이라 불리는 일곱 우물이 있는 네게브 땅입니다.

히브리인들에게 방황은 '옆길로 빗나가는 것'입니다. 헬라어로 '방탕하다'는 '낭비하다, 허비하다'라는 뜻이 있습니다. 하나님이 주신 시간과 건강과 지혜를 하나님의 뜻대로 사용하지 않고 허비한다는 뜻입니다. 그것이 아무리 윤리 도덕적으로 옳아도 하나님이 원하시는 삶을 살지 않으면 방탕한 것입니다. 과녁을 빗나간 것이 죄이듯이 방황하면 옆길로 빗나가서 죄의 길로 들어서게 됩니다.

가죽부대의 물이 떨어진지라 그 자식을 관목덤불 아래에 두고 이르되 아이가 죽는 것을 차마 보지 못하겠다 하고 화살 한 바탕 거리 떨어져 마주 앉아 바라보며 소리 내어 우니 하나님이 그 어린 아이의 소리를 들으셨으므로 하나님의 사자가 하늘에서부터 하갈을 불러 이르시되 하갈아 무슨 일이냐 두려워하지 말라 하나님이 저기 있는 아이의 소리를 들으셨나니 일어나 아이를 일으켜 네 손으로 붙들라 그가 큰 민족을 이루게 하리라 하시니라 하나님이 하갈의 눈을 밝히셨으므로 샘물을 보고 가서 가죽부대에 물을 채워다가 그 아이에게 마시게 하였더라 (창세기 21:15~19).

하나님이 하갈의 눈을 밝혀 주시기 전에는 샘물이 있는 것을 몰랐습니다. 하나님이 가려졌던 것을 보여 주신 것입니다. 우물이 거기에 있어도, 눈앞에 물건이 있어도 보지 못할 때가 있습니다. 이것은 영적인 사건입니다. 하나님이 하갈의 눈을 밝혀 보게 하셨고, 가죽부대에 물을 채워다가 아이에게 마시게 했습니다. 왜 굳이 이런 방법을 썼을까요?

하나님이 그 아이와 함께 계시매 그가 장성하여 광야에서 거주하며 활 쏘는 자가 되었더니(창세기 21:20).

창세기 16장에서 여호와의 사자가 이스마엘이 태어났을 때 했던 예언의 응답입니다.

> 그가 사람 중에 들나귀같이 되리니 그의 손이 모든 사람을 치겠고 모든 사람의 손이 그를 칠지며 그가 모든 형제와 대항해서 살리라 하니라 (창세기 16:12).

여기서 보니 이스마엘은 예언대로 활 쏘는 자가 되었습니다. 영적인 축복 없이 육적인 축복만 받았는데도 하나님이 그와 함께 계셨다고 기록하고 있습니다. 쉽게 말해서 악인이 이 땅에서 살아가는 것도 하나님의 은혜가 아니면 안 된다는 것입니다.

사실 우리는 모두 악인이었습니다. 그렇기 때문에 하나님이 우리를 구원해 주신 겁니다. 하지만 은혜를 입는다고 해서 완전한 의인으로 거듭나던가요? 은혜를 입은 악인과 은혜를 아직 입지 않은 악인이 있을 뿐입니다.

하나님이 우물을 발견하지 못하게 하셨던 데는 이유가 있습니다. 하갈은 아들과 함께 아브라함의 집에서 내쳐졌을 때 깊은 상실감과 분노를 느꼈을 것입니다. 이스마엘도 마찬가지였을 것입니다. 이삭이 태어나기 전까지는 자기가 아브라함의 후계자가 될 줄 알고 자랐을 거 아닙니까?

아이가 죽을 지경이 되니 하갈은 더욱 좌절하였습니다. 그때 하나님께서 은혜를 베푸셨습니다. 그 순간 하갈이 알았습니다. 이 모두가 하나님의 뜻이고, 자기를 감찰하고 돌보시는 것처럼 아들 이스마엘에게 주셨던 육적인 축복 또한 이루어 주시리라는 것을 믿었습니다.

그러나 결론적으로 이스마엘은 영적인 축복을 받지 못했습니다.

> 그가 바란 광야에 거주할 때에 그의 어머니가 그를 위하여 애굽 땅에서 아내를 얻어 주었더라(창세기 21:21).

하갈과 이스마엘은 바란 광야에 거주하면서 그곳에서 애굽 여인을 만나 결혼도 했습니다. 이로써 이스마엘은 하나님의 언약과 점점 더 멀어져 갔습니다. 이삭 홀로 아브라함의 완전한 후계자가 되는 것입니다.

무슨 일을 하든지 함께 계시다

> 그때에 아비멜렉과 그 군대 장관 비골이 아브라함에게 말하여 이르되 네가 무슨 일을 하든지 하나님이 너와 함께 계시도다(창세기 21:22).

이삭과 이스마엘의 일이 정리될 때 즈음, 아비멜렉과 군대 장관 비골이 아브라함을 찾아왔습니다. '아비멜렉'은 이름이 아니라 '블레셋 왕'이라는 호칭이고, '비골'도 마찬가지로 '블레셋 군대 장관'이라는 호칭입니다.

아브라함의 존재감이 무시할 수 없을 정도로 점점 커져 가는 것이 아비멜렉의 눈에도 보였습니다. 하나님이 함께하심이 보였던 것입니다. 그래서 그는 아브라함이 더 강성해지기 전에 화친조약을 맺고자 했습니다.

> 그런즉 너는 나와 내 아들과 내 손자에게 거짓되이 행하지 아니하기를 이제 여기서 하나님을 가리켜 내게 맹세하라 내가 네게 후대한 대로 너도 나와 네가 머무는 이 땅에 행할 것이니라(창세기 21:23).

왕이 먼저 찾아와 손을 내밀고 있습니다. 상식적으로 이해가 되지 않습니다. 화친조약은 대등한 관계에서 맺지 않습니까? 아브라함은 작은 부족의 족장에 불과한데 한 나라의 왕이 동맹을 맺자고 찾아오다니요. 군사력이나 정치력이나 모든 면에서 비교가 되지 않았을 것입니다. 그럼에도 불구하고 아비멜렉이 먼저 찾아와 화친을 맺자고 제안한 것입니다.

이 언약은 아브라함과 그를 통해 이루어질 나라가 얼마나 복된가를 인정받았다는 데에 의미가 있습니다. 하나님의 사람을 통해 세상 사람들이 복을 받게 되리라는 것을 알게 된 것입니다.

아브라함이 이르되 내가 맹세하리라 하고 아비멜렉의 종들이 아브
라함의 우물을 빼앗은 일에 관하여 아브라함이 아비멜렉을 책망하
매 아비멜렉이 이르되 누가 그리하였는지 내가 알지 못하노라 너도
내게 알리지 아니하였고 나도 듣지 못하였더니 오늘에야 들었노라

(창세기 21:24~26).

아비멜렉이 아브라함에게 화친을 맺자고 하자 아브라함이 오히려 아
비멜렉을 책망합니다. 아비멜렉은 그의 종들이 아브라함의 우물을 빼
앗은 사건을 알지 못했고, 알려 주지도 않았고, 듣지도 못했다고 세 번
이나 강하게 부정했습니다. 예전에 아브라함이 사라를 누이라고 속여
서 아비멜렉 앞에서 수치를 당했는데, 이제는 아브라함이 아비멜렉을
책망하고 있습니다. 상황이 역전된 것입니다.

아비멜렉이 왕이지만 실제적인 주인은 아브라함입니다. 하나님이 이
것을 증명하시는 것입니다. 세상 나라가 세상의 통치자들에 의해 움직
이는 것 같지만 사실은 하나님의 섭리 안에 있듯이 말입니다. 믿는 사람
이 겉으로 보기에 약해 보여도 결코 약하지 않습니다.

아브라함이 양과 소를 가져다가 아비멜렉에게 주고 두 사람이 서로 언
약을 세우니라 아브라함이 일곱 암양 새끼를 따로 놓으니 아비멜렉이
아브라함에게 이르되 이 일곱 암양 새끼를 따로 놓음은 어찜이냐 아
브라함이 이르되 너는 내 손에서 이 암양 새끼 일곱을 받아 내가 이 우

물 판 증거를 삼으라 하고 두 사람이 거기서 서로 맹세하였으므로 그 곳을 브엘세바라 이름하였더라 그들이 브엘세바에서 언약을 세우매 아비멜렉과 그 군대 장관 비골은 떠나 블레셋 사람의 땅으로 돌아갔고 아브라함은 브엘세바에 에셀 나무를 심고 거기서 영원하신 여호와의 이름을 불렀으며 그가 블레셋 사람의 땅에서 여러 날을 지냈더라 (창세기 21:27~34).

아비멜렉과 아브라함이 언약을 세웠습니다. 그곳 이름이 바로 브엘세바입니다. '맹세의 우물'이라는 뜻입니다. 아비멜렉이 떠난 뒤 아브라함은 에셀 나무를 심고 여호와의 이름을 불렀습니다. 에셀 나무는 '작은 숲'이라는 뜻으로 시내 광야에서 서식하는 상록수 같은 생명력 있는 나무입니다. 키가 크고 넓은 그늘을 만들어서 작은 숲이라고 부릅니다. 광야에서 그늘은 굉장히 중요합니다.

에셀 나무를 심고 거기서 영원하신 여호와의 이름을 불렀습니다. '여호와의 이름'을 부른다는 것은 하나님을 깊게 체험했음을 의미합니다. 하나님을 깊이 만나고, 깊은 영적 체험을 했다는 것입니다.

아비멜렉의 고백을 보십시오. "네가 무슨 일을 하든지 하나님이 너와 함께 계시도다." 아브라함이 하고 있는 모든 일에 하나님이 함께하심을 본 것입니다. 이것이 성도의 힘입니다. 권위는 세상의 힘으로부터 가질 수 있는 게 아닙니다. 하나님께서 힘을 실어 주셔야만 가질 수 있습니다.

당신 안에 계시는 하나님이 하시는 일을 보고 세상이 두려워합니다. 하나님을 붙잡고 살아가면 그게 세상 사람들 눈에도 보이는 것입니다. 사는 모습이 다르기 때문입니다. 당신이 세상적인 방법으로 아등바등 힘쓰는 모습이 아니라 당신 안에서 하나님이 하시는 일을 보여 주어야 합니다. 그게 드러나야 합니다.

세상의 가치는 모두 상대적입니다. 그러나 행복은 주관적인 것입니다. 가진 돈이 적어도 누구보다 행복할 수 있습니다. 하나님 안에서 다른 것을 누리기 때문입니다. 세상이 볼 수도 없고, 알 수도 없는 것을 누립니다.

아비멜렉이 그것을 본 것입니다. 그래서 자기가 더 힘이 세고, 더 부유한데도 아브라함이 두렵습니다. 아브라함과 함께하시는 하나님이 두려운 것입니다.

어느덧 길이 생기다

아비멜렉과 아브라함이 화친조약을 맺고 맹세한 곳이 어디입니까? 브엘세바입니다. 그런데 훗날 이스라엘 전 지역을 말할 때 '단부터 브엘세바까지'라는 표현을 씁니다. 즉 이곳이 블레셋과 이스라엘의 국경이 된 것입니다. 브엘세바에서의 맹세는 단순한 화친이 아니었습니다. 그곳의 우물은 단순한 우물이 아니었습니다. 그 맹세를 기점으로, 그곳을 기점으로 하나님이 그 땅을 아브라함의 후손들에게 주신 것입니다.

아브라함이 알았을까요? 일곱 암양 새끼로 산 우물이 바로 국경선이 될 줄을, 거기서부터 온 땅이 자기 자손의 땅이 될 줄 알았을까요? 몰랐습니다. 그래서 더 놀라운 것입니다. 하나님께서 경계선을 친히 그어 주셨습니다. 아브라함에게 줄 가나안 땅이 점점 더 명확해지는 것입니다. 언약을 이어 갈 후손이 누구인가가 명확해지고, 약속하신 땅의 개념이 점점 더 명확해지고 있습니다.

나라를 이루려면 땅, 사람, 주권이 있어야 한다고 합니다. 하나님의 언약을 이어 갈 하나님 나라가 이 땅에 세워지고 있는 것입니다. 하나님의 주권과 언약의 백성과 약속하신 땅이 있습니다. 이 모두가 아브라함을 통해 명확해지고 있는 것입니다.

> 그러나 너희는 택하신 족속이요 왕 같은 제사장들이요 거룩한 나라요 그의 소유가 된 백성이니 이는 너희를 어두운 데서 불러 내어 그의 기이한 빛에 들어가게 하신 이의 아름다운 덕을 선포하게 하려 하심이라 (베드로전서 2:9).

하나님 나라라는 개념이 분명해지고 있습니다. 이것을 위해서 아브라함이 평생 동안 후손과 땅을 갈구했던 것입니다.

구원은 개인이 받지만 구원받은 사람들이 함께 가는 곳이 바로 천국, 하나님 나라가 아닙니까? 이 땅에서의 삶은 불완전하고, 교회도 불완전하고, 하나님의 사람들도 불완전하지만 함께 천국을 향해 나아가고 있는 것이 아닙니까?

하나님께서는 아브라함 한 사람의 믿음을 통해 하나님의 주권이 무엇인지, 언약의 백성이 누구인지, 약속의 땅이 어떠한지를 만들어 가셨고 눈에 보이도록 드러내셨습니다. 이처럼 우리의 믿음도 날마다 점점 그 영역이 넓어져야 합니다. 나 하나 구원받은 데 감사하는 것으로 그쳐선 안 됩니다. 나의 구원은 곧 이 땅에 하나님 나라가 확장되었다는 뜻이기 때문입니다.

하나님 나라를 가시적으로 보여 주는 곳이 어디입니까? 바로 교회입니다. 교회는 하나님을 모르고 살던 죄인이 하나님께로 돌아오는 길이 되는 곳입니다.

교회는 죄인을 돌아오게 하는 곳이지 죄인을 추방하는 곳이 아닙니다. 어떤 죄인이라도 하나님을 믿고 삶을 돌이키겠다고 교회에 오면 받아들여야 합니다. 그가 결단하고 죄와 싸울 수 있도록 도와야지 되레 돌을 던져서야 되겠습니까? 신앙이란 다른 사람에게 돌을 던지는 것이 아니라 자기 내면에 있는 죄와 싸우는 것입니다.

〈뷰티풀 마인드〉(A Beautiful Mind)라는 영화가 있습니다. 저는 그 영화를 보고 신앙이란 이런 것이구나 하고 생각했습니다. 정신분열증을 앓는 천재수학자가 주인공입니다. 주인공 내쉬의 주변에는 늘 세 사람이 붙어 다닙니다. 그런데 문제는 이 세 사람이 그에게는 분명히 보이는데 다른 사람들에게는 안 보인다는 사실입니다. 나중에 내쉬도 그 세 사람이 환영이라는 사실을 알고 인정합니다. 그런데도 환영이 계속 보이지요.

그러니까 내쉬가 어떻게 하는 줄 아십니까? 무시합니다. 그의 눈에는 여전히 그 세 사람이 보이지만 무시하는 겁니다.

이게 바로 신앙입니다. 누구나 내면에 죽을 때까지 평생 싸워야 할 무엇이 있습니다. 이때 무시하십시오. 그것들이 당신을 덮치지 못하도록 무시하십시오.

어떤 동성애자는 이성과 결혼을 했지만 동성애에 대한 욕구가 여전하다고 합니다. 그러나 그는 욕구는 계속되겠지만 평생 싸우겠다고 했습니다. 그게 신앙입니다.

이 싸움은 제게도 마찬가지로 있습니다. 제 속에도 하나님 앞에서 평생 싸워 가야 할 것이 있습니다. 저는 계속해서 죄와 싸울 것입니다. 일평생 거룩한 싸움을 하는 것입니다. 당신도 하나님께 받은 은혜를 지켜 가는 싸움을 멈추지 않기를 바랍니다.

하나님은 아브라함의 믿음이 커졌다는 것을
증명하고자 하셨습니다.

Chapter 8

시험은 증명이지
테스트가 아니다

눈을 들어 바라보다

아브라함 이야기의 정점은 누가 뭐래도 창세기 22장입니다. 매우 중요한 장입니다.

> 그 일 후에 하나님이 아브라함을 시험하시려고 그를 부르시되 아브라함아 하시니 그가 이르되 내가 여기 있나이다(창세기 22:1).

하갈과 이스마엘이 아브라함의 집을 떠난 것이 이삭이 서너 살 때쯤이었습니다. 22장은 그로부터 이미 십여 년이 지난 뒤의 일입니다. 이삭이 십대 후반쯤 되었을 것입니다. 따라서 본문의 '그 일 후에'란 바로 전장의 브엘세바 사건을 말한다기보다는 그동안 있었던 아브라함의 모든 여정을 가리킨다고 보아야 할 것입니다.

성경은 시간의 양을 그렇게 중요하게 다루지 않습니다. 인간에게는 시간이 얼마나 흘렀느냐가 중요하지만, 성경이 중요하게 여기는 것은 '하나님의 사건'입니다. 따라서 아브라함에게 있었던 일들을 이제 벌어질 사건과 연결시키기 위해 마치 가까운 시일에 바로 이어진 사건인 것처럼 이런 표현을 쓴 것입니다. 그러나 실제로는 10년 이상이 지난 시점입니다.

여기서 '시험하다'는 '알아보다, 입증하다'라는 의미입니다. 합격, 불합격을 가르는 시험을 가리키는 게 아니라는 뜻입니다. 즉 아브라함이 이삭을 바치면 합격이고, 안 바치면 불합격인 믿음 과목의 시험이 아니란 뜻입니다. 이것은 시험이 아니라 '증명'입니다.

하나님께서 친히 "아브라함의 믿음이 어느 정도인 줄 알아?" 하고 보여 주시는 것입니다. 아브라함의 믿음이 어떠한지를, 믿음이란 게 무엇인지를 보여 주시겠다는 것입니다.

이것은 마치 리트머스 시험지와도 같습니다. 용액이 산성인지 알칼리성인지를 알려면 리트머스 시험지를 담그면 됩니다. 알칼리성이면 붉은색 시험지가 푸르게 변할 것이고, 산성이면 푸른색 시험지가 붉게 변할 것입니다. 이 실험에서 리트머스 시험지가 하는 일은 용액이 산성인지 알칼리성인지를 가리는 게 전부입니다. 특별히 영향력을 행사하지 않습니다.

이처럼 이삭을 리트머스 시험지로 삼아 아브라함의 믿음에 담가 봤더니 그의 믿음이 어느 정도인지가 드러났습니다. 하나님이 직접 증명해 보이시는 것이지요. 아브라함은 믿음의 1세대로서 믿음이 무엇인지 삶으로 보여 주어야 할 책임이 있는 사람입니다.

하나님께서 아브라함을 내비게이션으로 삼으셨으니 그는 후손들에게 길을 보여 주어야 할 책임이 있습니다. 평생 동안 하나님과 동행한 길의 여정을 고스란히 보여 주어야 합니다. 그러기 위해서 택함을 받았으니 그에게는 보여 주어야 할 책임이 있는 것입니다.

하나님이 "아브라함아" 하고 부르셨습니다. 그러자 그가 어떻게 했습니까? "내가 여기 있나이다" 하고 대답하지요. 창세기 3장과 비교해 보십시오.

이르되 내가 동산에서 하나님의 소리를 듣고 내가 벗었으므로 두려워하여 숨었나이다(창세기 3:10).

아담이 선악과를 먹은 후에 하나님이 부르시자 두려움에 떨면서 차마 하나님 앞에 나아가지 못하고 숨었습니다. 죄를 지으면 숨게 되어 있습니다. 눈을 똑바로 쳐다볼 수 없기 때문입니다. 아담은 하나님의 낯을 피해 숨었습니다.

그런데 아브라함은 달랐습니다. 하나님이 부르시자 "내가 여기 있나이다" 하고 대답합니다. "여기 있으니 나를 보소서"라는 뜻이지요. 죄를 지었는데도 눈을 마주친다면 그는 이미 악인이 된 것입니다. 아이들은 죄를 지으면 눈을 똑바로 쳐다보지 못합니다. 죄의 능력이 커진 어른들도 아무리 뻔뻔해져도 당당하기까지는 못합니다.

아브라함처럼 거리낌 없이 당당하게 "부르셨습니까? 내가 여기 있습니다. 나를 보소서" 하고 말할 수 있는 신앙이 가장 건강한 신앙 상태입니다. 이런 신앙을 가지십시오.

아브라함의 믿음은 어떤 믿음입니까? 하나님께서 아브라함에게 원하신 믿음은 어떤 믿음입니까? 여기서 하나님이 아브라함을 시험하신 것은 테스트가 아니라 '증명'이라고 했습니다. 하나님은 아브라함의 믿음이 이삭을 바칠 수 있을 정도로 커졌다는 것을 증명하고자 하셨던 것입니다.

"봐라! 아브라함의 믿음이 이 정도야."

하나님은 아브라함의 믿음을 증명함으로써 앞으로 이삭을 통해서 오게 될 수많은 믿음의 사람들에게 믿음이 어디까지 자라야 하는지를 보여 주고자 하셨습니다. 문제는 '이삭을 바치기 싫은' 우리의 마음입니다.

"어떻게 해서 손에 넣었는데, 이제 와서 버리라고?"

"눈을 떠도 이삭, 잠을 자도 이삭인데… 이것 없으면 못 살 것 같은데, 내 손으로 없애라고?"

우리는 이삭을 두고 자기 자신과 싸웁니다.

왜 이삭을 내놓아야 합니까? 왜 번제물로 드려야만 합니까? 아브라함의 믿음을 증명할 방법이 그렇게 없습니까? 왜 이삭을 바치는 것으로 증명해야 합니까?

제삼일에 아브라함이 눈을 들어 그곳을 멀리 바라본지라(창세기 22:4).

아브라함이 눈을 들어 살펴본즉 한 숫양이 뒤에 있는데 뿔이 수풀에 걸려 있는지라 아브라함이 가서 그 숫양을 가져다가 아들을 대신하여 번제로 드렸더라(창세기 22:13).

하나님께서 아브라함에게 "내게 네게 보여 줄 땅으로 가라"(창 12:1)라고 말씀하신 이후에 22장 4절과 13절, 두 구절에만 "눈을 들어"라는 표현이 등장합니다. 모리아 땅으로 향하는 3일 동안 눈을 들어 하늘의 별을 봤다든지 하는 인간적인 '눈을 들어'가 아닙니다. 하나님이 말씀하신 모리아 산을 향하여 '눈을 들어' 바라봤고, 이삭에게서 손을 대지 말라는 말씀을 들은 후에 '눈을 들어' 보니 주님이 예비하신 숫양을 볼 수 있었습니다.

무엇을 의미합니까? 신앙은 방향성입니다. 누구든 자기가 가고 싶은 방향으로 눈이 돌아가게 되어 있습니다. 눈이 보는 곳이 바로 내가 가고 싶은 곳이죠.

"아브라함이 눈을 들어"가 중요한 의미를 갖는 것은, 아브라함이 어디를 바라보고 있는가가 여실히 드러나는 사건이기 때문입니다. 아브라함이 하나님의 말씀에 온전히 반응하며 그 말씀을 따라 눈이 좇아갔다는 사실이 매우 중요합니다. 그밖에 인간적인 것에는 별로 관심도 두지 않습니다.

여호와 이레, 이삭과 양

> 여호와께서 이르시되 네 아들 네 사랑하는 독자 이삭을 데리고 모리아 땅으로 가서 내가 네게 일러준 한 산 거기서 그를 번제로 드리라 (창세기 22:2).

'네 아들', '네 사랑하는 독자', '이삭'은 모두 이삭을 가리킵니다. 한 문장에서 이삭을 세 번이나 가리켰으니 얼마나 강조한 것입니까?

모리아 땅은 브엘세바에서 3일쯤 걸리는 거리입니다. "내가 네게 일러 준 한 산 거기서"(창 22:2) 이삭을 번제로 바치라니요. 그것도 3일이나 걸어가야 하는 먼 산에서 번제를 드리라니요. 왜 그곳으로 가야만 합니까? 아브라함은 이삭이 번제물임을 몰랐나요? 알았습니다. 그냥 가까운 산에서 드리면 안 됩니까? 왜 굳이 3일간 열심히 걸어야 닿을 수 있는 산까지 가야 합니까?

중요한 것은 하나님의 뜻을 수행할 때에는 그 방법마저도 하나님의 뜻대로 해야 한다는 것입니다. 하나님께서 모리아 산이라고 하시면 모리아 산이 중요하지요. 사실 번제를 드리는 것보다 하나님의 뜻을 이룬다는 데 더 큰 의미가 있는 것입니다. 하나님을 만나는 곳은 하나님이 지정하십니다.

> 아브라함이 아침에 일찍이 일어나 나귀에 안장을 지우고 두 종과 그의 아들 이삭을 데리고 번제에 쓸 나무를 쪼개어 가지고 떠나 하나님이 자기에게 일러주신 곳으로 가더니(창세기 22:3).

이 구절에서 쓰인 동사들을 살펴보겠습니다. '지우다, 데리고 가다, 쪼개다, 가지고 떠나다, 가다.' 여기서 아브라함의 마음 자세를 엿볼 수 있습니다. 만약에 아브라함이 모리아 땅으로 가는 3일 동안 이삭을 염려하면서 어떻게 하면 좋을지 갈등했더라면 이런 행동을 하지 못했을 것입니다. '가슴 아프다, 낙심하다, 염려하다, 불안하다' 따위의 마음은 전혀 보이지 않습니다.

"아브라함이 얼마나 낙심했을까? 얼마나 슬펐을까? 이삭을 어떻게 바쳐요? 말도 안 돼요"라고 말하는 분들이 있습니다. 그것은 아브라함이 슬픈 것이 아니라 본인이 순종하지 못해서 아브라함도 자신과 같은 마음일 거라고 생각하는 것입니다. 아브라함도 똑같이 불안했을 것이라는 생각을 버리십시오. 아브라함은 그런 데 전혀 신경 쓰지 않았습니다.

히브리서 11장을 보십시오.

아브라함은 시험을 받을 때에 믿음으로 이삭을 드렸으니 그는 약속들을 받은 자로되 그 외아들을 드렸느니라 그에게 이미 말씀하시기를 네 자손이라 칭할 자는 이삭으로 말미암으리라 하셨으니 그가 하나님이 능히 이삭을 죽은 자 가운데서 다시 살리실 줄로 생각한지라 비유컨대 그를 죽은 자 가운데서 도로 받은 것이니라(히브리서 11:17~19).

아브라함의 신앙은 부활 신앙입니다. 설사 이삭을 죽인다 해도 하나님께서 다시 살리실 수 있다는 것을 믿었습니다. 아브라함의 믿음이 어디까지 갔습니까?

한때는 아비멜렉한테 죽을까 봐 떨면서 아내를 누이라고 속이던 사람입니다. 자기의 생명을 보존하기 위해 궁리하고 아내에게 거짓말을 해 달라고 요구한 사람입니다. 아브라함의 믿음이 고작 그 정도였던 것입니다. 능력의 하나님을 만났는데, 그 하나님이 죽은 자도 살리실 수 있는 하나님임을 믿지 못했던 것입니다. 그는 자기가 죽으면 모든 것이 끝난다고 생각했습니다. 하나님의 언약마저 이루지 못한 채 끝날 것이라고 생각했습니다. 그러니 어떻게든 살아 있어야 한다고 생각했습니다.

생명이 주께 있다는 것을 믿으십니까? 왜 그런지 이유는 몰라도 중요한 믿음입니다. 그런데 이걸 알아야 합니다. 얼마큼 오래 사느냐가 중요한 것이 아니라 얼마큼 멋있게 죽느냐가 중요한 것입니다. 우리 그리스도인들은 영생을 믿으니 죽은 뒤에 하나님을 어떻게 만날지가 관심사이고 중요합니다.

어느 분의 멋진 죽음을 소개하고자 합니다. 저와 함께 합동신학대학원에서 공부했던 동기 목사가 겪은 일입니다. 동기 목사 아버님이 갑자기 쓰러져서 응급실에 가셨으나 이내 돌아가셨습니다. 목사님들이 그 소식을 듣고 무거운 마음으로 장례 예배에 참석했습니다. 아침에 건강하게 나가신 분이 돌아가셨다면 가족들의 마음이 어떻겠습니까? 미처 준비가 안 되었는데 죽음이 찾아온 것입니다. 별별 후회가 다 쌓입니다. 마지막 작별 인사도 못한 것은 평생에 한이 됩니다.

"그게 마지막 식사인 줄도 모르고 어서 먹고 가라고 재촉만 했으니…. 조금만 더 천천히 먹고 가라고 했다면 그런 사고는 당하지 않아도 됐을 텐데…."

어떤 사연이 있든지 간에 슬픔과 후회가 남게 마련입니다. 갑작스럽게 장례를 맡게 된 목사님도 마음이 몹시 어려웠습니다. 그런데 막상 장례식장에 가보니 가족들의 얼굴이 의외로 밝았습니다. 이유가 있었습니다.

동기 목사 아버님이 수술실에 들어가는 순간에 다행히 의식이 잠깐 돌아왔다고 합니다. 그때 아버님이 별안간 산소 호흡기를 떼면서 옆에 있던 자녀들에게 이렇게 말했습니다.

"얘들아, 나 먼저 간다. 천국에서 보자."

그 마지막 말을 하시고 돌아가신 것입니다. 그 마지막 한마디가 가족들에게 소망이 된 것입니다.

수술실로 가면서 잠깐 정신이 돌아왔는데 그 순간에 "천국에서 만나

자"는 인사는 아무나 할 수 있는 것이 아닙니다. 항상 천국을 바라보고 산 자만이 할 수 있는 말입니다. 준비하지 않은 자는 그런 말을 할 수 없습니다.

아브라함은 하나님의 말씀에 순종하여 아침에 일찍이 일어나서 이삭을 바치러 3일 길을 걸어갔습니다. 그는 하나님을 믿었기에 망설임 없이 즉각적으로 순종하였습니다. 이제는 생명의 주권자가 누구인지를 안 것입니다.

아브라함은 하나님이 이삭을 살리려고 작정하신다면 설사 자기가 이삭을 칼로 찌르더라도 하나님께서 살리실 것이라고 믿었습니다. 또 자신이 아무리 노력해도 이삭의 생명을 지킬 수 없다는 것도 알았습니다.

아브라함은 알았습니다. 생명이 하나님께 있음을…. 이것이 부활 신앙입니다. 그래서 3일 길을 갈 수 있었습니다. 이삭과 종들이 전혀 눈치채지 못할 정도로 평정심을 유지할 수 있었던 것도 이 때문입니다. 평상시와 다를 바가 없었습니다. 다만 다른 것이 있다면 번제물로 드릴 양이 없다는 것뿐이었습니다.

그래서 성경은 3일 길을 어떻게 갔는지 기록하지 않습니다. 평상시와 다를 것 없이 떠나더니 3일 길도 내리 가버렸습니다.

이에 아브라함이 종들에게 이르되 너희는 나귀와 함께 여기서 기다리라 내가 아이와 함께 저기 가서 예배하고 우리가 너희에게로 돌아오리라 하고 아브라함이 이에 번제 나무를 가져다가 그의 아들 이삭에게 지우고 자기는 불과 칼을 손에 들고 두 사람이 동행하더니 이삭이 그 아버지 아브라함에게 말하여 이르되 내 아버지여 하니 그가 이르되 내 아들아 내가 여기 있노라 이삭이 이르되 불과 나무는 있거니와 번제할 어린 양은 어디 있나이까 아브라함이 이르되 내 아들아 번제할 어린 양은 하나님이 자기를 위하여 친히 준비하시리라 하고 두 사람이 함께 나아가서(창세기 22:5~8).

"하나님이 자기를 위하여 친히 준비하시리라"는 아브라함의 말은 빈말이었을까요? 아닙니다. 그는 하나님이 이삭을 제물로 선택하신 순간부터 그것이 진짜로 이삭을 가리킨 것인지 아닌지는 알지 못했지만 그 제사를 하나님께서 친히 준비하고 계심을 알았습니다. 그러니 빈말도 아니고 거짓말도 아닙니다. 실제로 하나님이 친히 준비하셨으니 말입니다. 아브라함은 하나님 편에서 자신의 믿음을 고백하고 나아간 것입니다.

또 아브라함은 하나님에 대한 믿음이 있었습니다. '이삭'은 약속의 자손입니다. 어떤 방법인지는 몰라도 하나님이 이삭을 지키리라는 믿음이 있었기에 종들에게 이렇게 말합니다. "너희는 여기서 기다리라 내가 아이와 함께 예배하고 우리가 너희에게로 돌아오리라."

하나님이 그에게 일러주신 곳에 이른지라 이에 아브라함이 그곳에 제단을 쌓고 나무를 벌여 놓고 그의 아들 이삭을 결박하여 제단 나무 위에 놓고 손을 내밀어 칼을 잡고 그 아들을 잡으려 하니 여호와의 사자가 하늘에서부터 그를 불러 이르시되 아브라함아 아브라함아 하시는지라 아브라함이 이르되 내가 여기 있나이다 하매 사자가 이르시되 그 아이에게 네 손을 대지 말라 그에게 아무 일도 하지 말라 네가 네 아들 네 독자까지도 내게 아끼지 아니하였으니 내가 이제야 네가 하나님을 경외하는 줄을 아노라 아브라함이 눈을 들어 살펴본즉 한 숫양이 뒤에 있는데 뿔이 수풀에 걸려 있는지라 아브라함이 가서 그 숫양을 가져다가 아들을 대신하여 번제로 드렸더라 아브라함이 그 땅 이름을 여호와 이레라 하였으므로 오늘날까지 사람들이 이르기를 여호와의 산에서 준비되리라 하더라(창세기 22:9~14).

이제부터 하나님께서 아브라함에게 언약을 재확인시켜 주십니다. 우리는 이것을 꼭 알고 확인해야 합니다.

아브라함은 왜 이삭을 바쳐야 했을까요? 그의 믿음을 왜 이삭의 죽음으로 증명해야만 했습니까? 이삭이 바쳐지는 데는 어떤 의미가 있을까요? 어차피 죽이지도 않으시면서 왜 이삭을 바치라고 하셨습니까?

우리는 흔히 이렇게 생각합니다.

"내가 가장 아끼는 것을 주님은 받기 원하신다. 그래서 주님을 사랑하는 마음으로 기꺼이 포기하고 아낌없이 바치길 원하신다."

하나님이 그렇게 잔인한 분이십니까? 아브라함이 말씀에 순종하여 기꺼이 이삭을 바칠 것을 하나님은 아셨습니다. 그런데도 굳이 제물로 바치라고 하셨습니다. 사랑하는 아들을 죽이라는 것이지요.

그렇다면 아브라함이 이삭을 죽였을까요? 안 죽였을까요? 죽였습니다. 이것을 알아야 합니다. 유월절에 문설주에 묻은 양의 피 덕분에 죽음이 이스라엘의 집을 피해 갔습니다. 그날 밤 이스라엘의 장자가 죽었습니까, 안 죽었습니까? 결국은 살았지만 실제로는 죽은 것입니다. 무슨 말이냐면, 그날 밤 죽어야 할 장자 대신에 양이 죽었기 때문에 죽음을 피할 수 있었던 것입니다. 무조건 누군가는 죽어야 하는 것입니다. 양이 장자를 대신해서 죽었으니 그날 밤 죽은 것은 실제로 장자입니다.

마찬가지로 아브라함이 죽인 것은 실제로 이삭입니다. 그의 마음은 벌써 아들을 죽였습니다. 그러니 칼을 손에 쥐고 이삭을 잡으려고 했지요. 그런 그를 막은 것은 하나님이십니다. 만일 아브라함의 마음속에 주저함이나 불순종이 있었다면 칼을 쥐지도 못했을 것입니다.

이삭이 누구입니까? 단순히 아브라함의 아들임을 떠나서 그는 믿음의 또 다른 첫 번째 세대입니다. 믿음의 후손의 첫 번째 세대, 즉 장자입니다. 아브라함이 믿음의 첫 번째 세대이지만 이삭은 후손들 중에 첫 번째 세대이기 때문입니다.

하나님께서 아브라함에게 "하늘을 우러러 뭇별을 셀 수 있나 봐라. 네 자손이 이와 같을 것이다"(창 15:5)라고 하셨을 때 그 후손의 첫 번째 사람이 바로 이삭입니다. 만약에 이삭이 죽는다면 당연히 대가 끊기는 것입니다. 장자가 없다는 것은 후손도 없다는 뜻이니까요. 하나님이 첫 번째를 죽이라고 하셨습니다. 그리고 나서 다시 돌려주셨습니다.

이 말은 아브라함의 후손이 혈통이 아니라 하나님의 선택에 의해 세워졌듯이, 이삭은 아브라함의 능력과 무관하게 하나님이 친히 선택하셔서 소유로 삼으신 하나님의 온전한 주권 아래에 있는 존재라는 것입니다. 하나님이 원하신 것은 이것입니다. 아브라함에게 이삭은 "너의 것이 아니라 하나님의 것"이라는 사실을 명백히 드러낸 것입니다. 만약에 하나님이 당신에게 달라고 요구하시는 것이 있다면 그것은 당신의 것이 아니라 하나님의 것이라는 말씀을 하시는 것입니다. 그것에 대해 당신이 권리를 주장하지 못한다는 뜻입니다.

아브라함에게 이삭을 다시 돌려주신 것은 이삭이 믿음의 후손의 첫 세대로서 아브라함의 것이 아닌 하나님의 것이듯이, 모든 믿음의 세대들은 인간의 능력이나 혈통에 의해서가 아니라 하나님의 선택하심으로 계속 이어질 것이라는 것을 분명히 하신 것입니다. 모든 후손은 하나님께로부터 온다는 것을 증명하신 것입니다.

이삭과 함께 모든 후손들은 죽은 것입니다. 이삭을 돌려받음과 동시에 앞으로 이어질 모든 후손들도 이삭과 함께 하나님이 돌려주신 겁니다. 비록 이삭의 몸을 통해서 이 땅에 오겠지만 아브라함과 이삭의 후손이 아니라 하나님이 주신 후손들이라는 겁니다. 이미 증명하셨으니 이제부터는 이삭이 약속의 자녀를 낳을 때 아브라함처럼 100세까지 기다리지 않아도 됩니다. 순리대로 낳아도 됩니다.

아브라함은 믿음의 첫 세대로서 길을 안내해야 하기에 특별한 믿음이 필요했습니다. 그의 믿음에는 인간의 능력이나 육적인 힘이 개입해서는 안 되었습니다. 아브라함이 조금 늦은 듯한 40대에 이삭을 낳았다면 그때도 "하나님이 아기를 허락해 주셨다"라고 기쁘게 고백할 수 있을 것입니다. 그러나 그 정도면 다른 종교, 다른 신들도 발휘할 수 있는 능력이라고 반박할 수 있을지도 모릅니다. 아무런 여지가 없이 오로지 하나님만이 하실 수 있는 일임을 보여 주기 위해 100세까지 기다리셨던 것입니다.

그러나 이삭으로 이어지는 후손들은 젊어서 아기를 낳겠지만 인간의 혈통으로 이어지는 것이 아닙니다. 믿음의 후손들은 비록 순리대로 낳아 세대를 이어 간다고 해도 하나님의 선택과 허락하심 아래에 있습니다. 하나님의 주권 아래 있습니다.

이것이 바로 아브라함이 믿음의 세대의 내비게이션인 까닭입니다. 그는 예수 그리스도에게로 이르는 길을 안내하도록 부르심을 받은 사람입니다. "아브라함과 다윗의 자손 예수 그리스도"(마 1:1)라고 하지 않습니까? 실제로 아브라함에게 주셨던 축복이 궁극적으로 이루어진 것은 예수 그리스도를 통해서였습니다.

이삭이 번제 나무를 지고 가는 모습은 예수님이 십자가를 지고 가는 모습을 연상케 합니다. 이삭도 예수님처럼 순순히 순종하였습니다. 그래서 이삭을 예수 그리스도의 모형이라고도 합니다. 그럼에도 불구하고 이삭은 완벽한 모델이라고 할 수 없습니다. 왜냐하면 예수님은 진짜로 죽으셨지만 이삭은 진짜로 죽지는 않았기 때문입니다.

하나님께서 이삭을 통해서 증명하고자 하신 것이 무엇입니까? 예수 그리스도입니다. 예수 그리스도의 오심도 인간의 혈통이 아니라 하나님의 주권에 달려 있었습니다.

아브라함과 이삭이 왜 3일 길을 걸었겠습니까?

여호와 이레를 단순하게 하나님이 우리의 삶 속에 어떤 것을 준비해 두셨다는 의미로 보면 안 됩니다. 여호와 이레는 예수 그리스도와 연결된 단어이기 때문입니다.

아브라함이 이삭을 바친 모리아 산이 어떤 곳인 줄 아십니까? 나중에 다윗이 인구 조사 후 재앙을 맞았을 때 여부스 사람 아라우나의 타작마당에서 번제를 드렸는데(삼하 24장), 타작마당이 있던 곳이 바로 모리아 산입니다. 그리고 이곳에 솔로몬의 성전이 세워졌고, 바로 이곳에서 예수님이 십자가에 달려 돌아가셨습니다.

아브라함은 이삭 대신에 제물로 바칠 양을 발견하고 "하나님이 준비하셨다"고 고백하며 여호와 이레라고 찬양했지만, 그 준비하심이 예수 그리스도에게까지 이어질 줄은 꿈에도 몰랐을 것입니다. 여호와 이레는 내 인생에 좋은 것을 준비해 두셨다는 의미, 그 이상입니다. 곧 예수 그리스도이기 때문입니다. 우리 인생은 예수 그리스도와 연결되어야 진정한 열매를 맺을 수 있고, 그것이 가장 큰 복이기 때문입니다.

창세기 22장은 아브라함의 믿음의 절정을 보여 주는 장입니다. 그런데 잠시 이삭을 대신해서 드려졌던 '양'에 대해서 생각해 봅시다. 창세기 22장의 중심 내용은 아니지만 창세기를 공부하면서 이삭 대신 드려진 양에 대해서 묵상하다가 개인적으로 너무 큰 은혜를 받아서 잠시 나누려고 합니다.

아브라함이 브엘세바에서 살 때, 모리아 산 근처에서 양 한 마리가 태어났습니다. 양은 자기가 왜 모리아 산 근처에서 태어났는지 모릅니다. 태어난 지 1년쯤 지날 무렵에 아브라함이 이삭과 함께 번제 나무를 지고 모리아 산에 오릅니다. 그때 이 양도 어슬렁거리며 산책을 나갔습니다. 자기가 왜 산책하는지도 모른 채 올라가다가 그만 수풀에 걸리고 말았습니다. 어쩌다가 수풀에 걸렸는지도 양은 알지 못합니다. 그러고 나서 아브라함에게 붙잡혀 이삭 대신 번제물이 되었습니다. 양은 왜 하필 자기가 죽어야 하는지도 알지 못합니다. 그런데 이 양이 이삭 대신 드려진 '여호와 이레'를 나타내는 제물이 되었습니다.

저는 청년 때 아브라함처럼 되고 싶고, 이삭처럼 되고 싶었습니다. 아브라함처럼 멋진 믿음을 증명하고 싶었고, 이삭처럼 순종하며 살고 싶었습니다. 그런데 이 '양'을 묵상하면서 기도가 바뀌었습니다.

수풀에 걸린 양처럼 살면 어떻습니까? 내가 왜 태어났는지, 왜 그렇게 헤매고 살아야 하는지, 왜 재수 없게 수풀에 걸려서 고난을 당하는지, 또 왜 죽어야 하는지 모르면 어떻습니까? 천국에 가서야 그 모든 사실을 알게 되더라도, 저는 그것이 하나님이 준비하신, 하나님이 주신 삶이라면 기꺼이 양처럼 살고 싶습니다. 그냥 양처럼 살다가 가는 겁니다. 무슨 아브라함입니까? 뭔 이삭입니까? 우리 삶은 사실 양만도 못한데 말입니다.

아브라함처럼 뭔가를 증명해야 믿음이 아닙니다. 이삭처럼 뭔가 순종해야 믿음이 아닙니다. 내가 왜 한국 땅에 태어났고, 내가 왜 이런 삶을 살고, 내가 왜 이런 고난을 겪고, 내가 왜 이렇게 재수 없게 죽는지를 모른다 할지라도 하나님은 오늘 나의 구원을 위해 2000년 전에 십자가 사건을 준비하셨습니다. 이것이 여호와 이레인 것을, 그러니 모르면 모르는 채로 양이 되어 살아도 분명히 그 삶은 가치가 있을 것입니다.

여호와 이레, 합력하여 뭔가를 이루는 일에 하나님이 당신의 삶을 쓰실 것입니다. 그러니 당신의 길을 가면 됩니다.

믿음이란 모든 원인과 결과가 하나님의 것이라는 것을 알고 고백하는 것입니다. 확신이 아닙니다. 하나님을 아는 만큼 믿습니다. 하나님의 역사하심의 크기를 아는 만큼 믿음이 자랍니다. 아브라함은 부활의 하나님을 믿으니까 감히 손에 칼을 쥘 수 있었습니다. 애굽이나 브엘세바에서 자기 자신을 지키기 위해 두려움에 떨면서 사람들을 속였던 사람이 말입니다. 아브라함이 여기까지 자라난 것입니다.

아브라함은 하나님을 알기 시작했습니다. 그래서 이삭을 지으신 하나님이시니 앞으로 이삭에게 필요한 모든 것을 하나님이 부어 주실 것이라고 고백할 수 있었습니다. 하나님이 이루실 것을 고백한 것입니다. 하나님이 이루실 게 무엇입니까? 예수 그리스도입니다. 아브라함도 예수 그리스도를 바라보고 있었습니다. 우리가 재림하실 예수님을 아직 뵌 적이 없어서 희미하게나마 바라보며 기다리듯이 아브라함도 이때부터 예수님을 희미하게나마 바라보고 있었던 것입니다.

정당한 대가를 치르고 산 땅

사라가 백이십칠 세를 살았으니 이것이 곧 사라가 누린 햇수라 사라가
가나안 땅 헤브론 곧 기럇아르바에서 죽으매 아브라함이 들어가서 사
라를 위하여 슬퍼하며 애통하다가(창세기 23:1~2).

아브라함은 175세에, 사라는 127세에 죽었습니다. 사라는 성경에서
살아온 연수가 기록된 유일한 여성입니다. 아브라함과 함께 믿음의 길
을 걸어온 이 여인을 하나님이 얼마나 존귀하고 아름답게 여기셨는지
를 알 수 있습니다. 미모가 뛰어날 뿐 아니라 살아온 삶 자체가 아름다
운 여인이었습니다.

사라가 죽은 곳이 어디입니까? '가나안 땅 헤브론 곧 기럇아르바'에서
죽었습니다. 이것이 무슨 의미인지 아십니까? 믿음의 1세대인 사라가
하나님이 약속하신 땅인 가나안에서 살다가 가나안에서 죽었다는 것을
강조하고 있습니다. 살면서 하나님의 약속을 떠나지 않았다는 의미입
니다.

그 시신 앞에서 일어나 나가서 헷 족속에게 말하여 이르되 나는 당신
들 중에 나그네요 거류하는 자이니 당신들 중에서 내게 매장할 소유
지를 주어 내가 나의 죽은 자를 내 앞에서 내어다가 장사하게 하시오
(창세기 23:3~4).

아브라함이 가나안 땅에 산 지 60년이 넘었습니다. 이민을 가서 60년이 넘게 살았으면 그 사람은 나그네입니까? 그 동네 사람입니까? 당연히 동네 사람이지요. 그런데도 아브라함은 스스로를 '나그네요 거류하는 자'라고 부릅니다.

나그네가 어떤 사람입니까? 자기가 거주하는 땅에서 소유를 누리지 못하는 사람, 그래서 권리를 주장하지 못하는 사람이 나그네입니다. 어차피 떠날 사람이기 때문입니다. 바로 이것이 믿음의 삶을 사는 사람의 근본적인 모습입니다. 믿음의 사람은 이 땅에 아무리 좋은 것이 있어도 눈을 하늘로부터 떼지 못합니다. 본향이 그곳에 있기 때문입니다. 그래서 이 땅에 안주하지 못합니다. 이것이 바로 우리가 살아야 할 나그네의 삶입니다.

> 내 주여 들으소서 당신은 우리 가운데 있는 하나님이 세우신 지도자이시니 우리 묘실 중에서 좋은 것을 택하여 당신의 죽은 자를 장사하소서 우리 중에서 자기 묘실에 당신의 죽은 자 장사함을 금할 자가 없으리이다(창세기 23:6).

헷 족속이 아브라함을 매우 존경하는 태도로 말합니다. 아브라함의 삶이 얼마나 존경 받을 만했는지를 보여 줍니다. 그들이 도대체 아브라함에게서 무엇을 본 것일까요? 그들은 가나안 땅에서 아브라함이 믿음의 성장을 이루며 변화하는 모습을 지켜봤습니다. 그래서 아브라함에게 왕에게 바치는 극존칭인 '내 주여'라고 부를 수 있었습니다.

> 아브라함이 일어나 그 땅 주민 헷 족속을 향하여 몸을 굽히고 그들에게
> 말하여 이르되 나로 나의 죽은 자를 내 앞에서 내어다가 장사하게 하는
> 일이 당신들의 뜻일진대 내 말을 듣고 나를 위하여 소할의 아들 에브론
> 에게 구하여 그가 그의 밭머리에 있는 그의 막벨라 굴을 내게 주도록 하
> 되 충분한 대가를 받고 그 굴을 내게 주어 당신들 중에서 매장할 소유지
> 가 되게 하기를 원하노라 하매(창세기 23:7~9).

여기서 '몸을 굽히다'는 '무릎을 땅에 대고 완전히 굽히는 자세'입니
다. 백발이 성성한 존경받는 어른이 매우 겸허한 모습을 보이며 정중하
게 사라를 매장할 땅을 구한 것입니다. 그가 원한 것은 에브론의 밭 가
장자리에 있는 막벨라 굴이었습니다.

> 에브론이 헷 족속 중에 앉아 있더니 그가 헷 족속 곧 성문에 들어온 모
> 든 자가 듣는 데서 아브라함에게 대답하여 이르되 내 주여 그리 마시고
> 내 말을 들으소서 내가 그 밭을 당신에게 드리고 그 속의 굴도 내가 당
> 신에게 드리되 내가 내 동족 앞에서 당신에게 드리오니 당신의 죽은 자
> 를 장사하소서 아브라함이 이에 그 땅의 백성 앞에서 몸을 굽히고 그 땅
> 의 백성이 듣는 데서 에브론에게 말하여 이르되 당신이 합당히 여기면
> 청하건대 내 말을 들으시오 내가 그 밭 값을 당신에게 주리니 당신은 내

게서 받으시오 내가 나의 죽은 자를 거기 장사하겠노라 에브론이 아브라함에게 대답하여 이르되 내 주여 내 말을 들으소서 땅 값은 은 사백세겔이나 그것이 나와 당신 사이에 무슨 문제가 되리이까 당신의 죽은 자를 장사하소서(창세기 23:10~15).

에브론이 늘 하던 것처럼 성문에 앉아 있다가 모두가 듣는 데서 아브라함에게 대답했습니다. 성문 앞에서 정식으로 땅을 거래하는 모습입니다. 등기부를 열람하고 매매 계약을 하고 소유권을 이전하는 정식 거래를 하는 것입니다.

땅 주인인 에브론은 아브라함의 요청에 대해 호의적으로 대답하는 듯하면서도 자기 잇속을 챙깁니다. 그 일대에서 존경받는 아브라함이 정중하게 부탁했지만 땅을 그냥 내어 주자니 너무나도 아까운 생각이 들었던 것입니다. 그래서 시가보다 훨씬 비싼 은 400세겔을 불렀습니다.

당시 헷 족속의 법률에 의하면 땅을 구매한 사람이 이전 주인의 땅에 관한 모든 관리, 즉 세금도 떠맡게 되어 있었습니다. 에브론은 비상한 머리로 재빨리 계산기를 두들기고는 막벨라 굴만이 아니라 밭 전체를 내어놓습니다. 에브론은 땅의 것을 추구했으니 그가 원하는 것을 얻었습니다. 그는 세상 사람의 가치를 가진 사람이었습니다.

아브라함이 에브론의 말을 따라 에브론이 헷 족속이 듣는 데서 말한 대로 상인이 통용하는 은 사백 세겔을 달아 에브론에게 주었더니 마므레

앞 막벨라에 있는 에브론의 밭 곧 그 밭과 거기에 속한 굴과 그 밭과 그 주위에 둘린 모든 나무가 성 문에 들어온 모든 헷 족속이 보는 데서 아브라함의 소유로 확정된지라(창세기 23:16~18).

아브라함은 오히려 더 비싸게 주고 삼으로써 정당함을 강화했습니다. 그에게 필요한 것은 정당함이었기 때문입니다. 정당한 대가를 치르고 땅을 샀으니 얼마나 감격했겠습니까?

뭇별에게 남기는 이정표

믿음의 사람은 말년을 어떻게 준비해야 할까요?

한국 기독교의 가장 치명적인 오류는 아브라함의 이야기가 창세기 22장에서 끝난다는 것입니다. 23장과 24장으로 넘어가지 않습니다. 모두 22장만 바라보고 있습니다. 나의 하나님, 나의 믿음만 고백하지요. 그 믿음을 다음 세대에 어떻게 넘길 것인가를 고민하지 않는 것입니다. 그러니 믿음이 어그러지고 망가지기 시작하는 것입니다.

아브라함의 평생의 고민은 후손의 문제였습니다. 믿음의 조상이 되려면 후손이 있어야 하지 않습니까? 믿음은 후손에게 흘러가야 합니다.

하나님은 "네가 준비하고 계획한 이스마엘, 에서가 아니라 내가 보호하고 간섭하고 지킨 이삭과 야곱이 나의 선택이다"라고 말씀하십니다. 아브라함은 하나님의 보호하심 속에서 이삭이 태어났음을 잘 알고 있었기에 그의 삶에서 하나님의 주권을 완전히 인정할 수 있었습니다. 단순히 신체적으로 너무 늙어서 낳은 것이 신비로운 것이 아니라 하나님께서 이삭을 낳기까지의 과정 동안 어떻게 역사하셨는지를 보았기 때문입니다. 막벨라 굴이 있는 곳은 바로 헤브론입니다.

> 이에 아브람이 장막을 옮겨 헤브론에 있는 마므레 상수리 수풀에 이르러 거주하며 거기서 여호와를 위하여 제단을 쌓았더라(창세기 13:18).

> 야곱이 기럇아르바의 마므레로 가서 그의 아버지 이삭에게 이르렀으니 기럇아르바는 곧 아브라함과 이삭이 거류하던 헤브론이더라 (창세기 35:27).

> 이스라엘이 그에게 이르되 가서 네 형들과 양 떼가 다 잘 있는지를 보고 돌아와 내게 말하라 하고 그를 헤브론 골짜기에서 보내니 그가 세겜으로 가니라(창세기 37:14).

헤브론은 아브라함과 야곱과 이삭의 신앙의 중심지이자 후에 다윗이 처음으로 왕이 된 곳이고, 남유다의 수도가 된 곳입니다. 아브라함이 이스라엘의 역사가 있는 그 땅의 시작을 알린 것입니다.

아브라함은 믿음의 1세대 사라가 죽었을 때, 헤브론 땅을 정당한 가격을 주고 삼으로써 모든 사람들 앞에서 자신의 소유를 분명히 했습니다. 그는 평생 나그네 인생을 살았던 사람입니다. 하나님으로부터 약속을 받았지만 그의 평생에 증거를 받은 것은 없었습니다. 소망만 있었을 뿐입니다. 그러나 그는 이제 후손들에게 하나님의 약속을 물려주어야 할 때가 이르자 막연한 기대만이 아니라 실제적으로 바라볼 수 있는 점을 하나 찍었습니다. 약속의 땅인 가나안을 향한 깃발을 꽂은 것입니다. 이것을 시작으로 그의 후손들은 약속의 땅을 성취할 것입니다. 이것이 바로 믿음의 첫 세대가 후손들을 위해 꼭 해야 할 일이었습니다.

아브라함은 믿음의 후손을 위한 길잡이,
즉 내비게이션입니다.

Chapter 9

믿음이 누구에게 이어질 것인가

믿음의 내비게이션, 아브라함

아브라함의 인생을 하나님이 어떻게 인도해 가셨는지를 보십시오. 갈대아 우르에서 가나안 땅으로 들어가면서 아브라함은 세겜, 벧엘, 헤브론 남방, 이 세 군데에서 하나님과 깊은 만남을 가졌습니다.

아브라함이 갈대아 우르에서 하란으로 갔다가 가나안 땅으로 들어 갔지요. 가나안 땅에 들어와서 세겜으로 갑니다. 그러다가 점점 남방으로 옮겨 갑니다. 남방은 잘못된 단어입니다. 어느 곳을 중심으로 보느냐에 따라 남북이 달라질 수 있기 때문입니다. 좀 더 정확한 이름은 네게브가 맞습니다. 네게브는 이스라엘을 중심으로 봤을 때 남방이라는 것입니다.

야곱의 인생길을 살펴보겠습니다. 창세기 33장을 보십시오.

> 야곱이 밧단아람에서부터 평안히 가나안 땅 세겜 성읍에 이르러 그 성
> 읍 앞에 장막을 치고 그가 장막을 친 밭을 세겜의 아버지 하몰의 아들들
> 의 손에서 백 크시타에 샀으며 거기에 제단을 쌓고 그 이름을 엘엘로헤
> 이스라엘이라 불렀더라(창세기 33:18~20).

야곱이 세겜 성에 단을 쌓고 '엘엘로헤이스라엘'이라고 부릅니다. '하
나님 하나님 이스라엘의 하나님'이란 뜻입니다. 야곱은 인생길에서 세
겜으로 갔습니다.

> 하나님이 자기와 말씀하시던 곳의 이름을 벧엘이라 불렀더라(창세기 35:12).

야곱이 다시 벧엘로 가서 벧엘의 하나님을 불렀지요.

> 야곱이 기럇아르바의 마므레로 가서 그의 아버지 이삭에게 이르렀
> 으니 기럇아르바는 곧 아브라함과 이삭이 거류하던 헤브론이더라
> (창세기 35:27).

그리고 야곱은 또 헤브론으로 갔습니다. 헤브론은 남유다 지역에 있
기 때문에 남방 쪽이라고 할 수 있습니다. 헤브론 밑이 광야입니다.

여호수아는 어땠을까요?

여호수아가 여리고에서 사람을 벧엘 동쪽 벧아웬 곁에 있는 아이로 보내며 그들에게 말하여 이르되 올라가서 그 땅을 정탐하라 하매 그 사람들이 올라가서 아이를 정탐하고(여호수아서 7:2).

여호수아가 가나안 땅으로 진군해 들어갈 때 벧엘이 나옵니다.

그때에 여호수아가 이스라엘의 하나님 여호와를 위하여 에발 산에 한 제단을 쌓았으니(여호수아서 8:30).

에발 산은 세겜 지역입니다. 후에 이스라엘이 남북으로 갈라질 때, 이곳을 거쳐서 북이스라엘과 남유다로 나뉘기도 했습니다.

여호수아가 이 모든 말씀을 하나님의 율법책에 기록하고 큰 돌을 가져다가 거기 여호와의 성소 곁에 있는 상수리나무 아래에 세우고 (여호수아서 24:26).

바로 세겜 지역의 상수리나무를 가리킵니다. 야곱도 이곳에 무엇인가를 묻은 적이 있지요.

그들이 자기 손에 있는 모든 이방 신상들과 자기 귀에 있는 귀고리들을 야곱에게 주는지라 야곱이 그것들을 세겜 근처 상수리나무 아래에 묻고(창세기 35:4).

아브라함에게서 시작된 믿음의 길은 단순하게 아브라함을 통해서 '믿음이란 이런 거야' 하고 끝나지 않았습니다. 그 길은 앞으로 부름 받을 모든 믿음의 사람들이 어떻게 살아야 하는지, 어떤 길을 가야 하는지를 안내하는 내비게이션이 되었습니다. 그 말은 앞으로 모든 믿음의 사람들은 아브라함처럼 살아야 한다는 뜻입니다.

아브라함이 특별한 사람이어서 이삭을 바친 게 아닙니다. 우리도 이런 요구를 받을 것이고, 우리의 믿음도 기꺼이 그 경지에까지 이르게 될 것입니다. 하나님께서 그렇게 만져 가십니다. 그렇게 살 수 있도록 믿음을 만들어 가실 것입니다.

그 믿음의 길을 안내하는 것이 바로 살아 있는 내비게이션, 아브라함입니다. 아브라함과 야곱과 그 후손의 인생길이 중첩되는 것은 아브라함이 믿음의 후손을 위한 길잡이, 즉 내비게이션이기 때문입니다.

야곱은 하나님의 선택이었습니다. 야곱을 통해 구원은 하나님의 선택임을 강조하고 있습니다. 야곱이 하나님을 만나는 성화의 과정을 그린 인생길은 놀랍게도 아브라함이 간 길을 동일하게 걸어간 것을 발견하게 됩니다. 아브라함이 걸었던 믿음의 길을 놀랍게도 야곱도 따라간 것입니다.

이스라엘 백성이 400년이 지난 후에 가나안 땅에 진군해서 아브라함에게 약속하셨던 땅을 취할 때도 아브라함이 갔던 길을 따라 갔습니다. 야곱이 우상과 귀고리를 묻었던 헤브론 상수리나무 아래에 여호수아도 똑같이 큰 돌을 묻었습니다.

성경이 일부러 중첩해서 보여 주는 것은 시간과 공간, 역사 안에서 봐야 비로소 의미를 알 수 있기 때문입니다. 아브라함이 간 길은 아브라함만 가는 게 아니라 아브라함처럼 선택받은 야곱이 가고, 그렇게 선택받은 이스라엘 민족이 간다는 뜻입니다. 그 말은 우리가 앞으로 아브라함처럼 그 길을 가야 한다는 의미입니다.

아브라함이 가고 야곱이 가고 여호수아와 이스라엘 백성이 가나안 땅을 진군해 가는 것을 보면서 우리는 아브라함의 인생길이 모든 후손들에게 이어져야 함을 보아야 합니다. 우리가 아브라함의 인생길을 따르는 후손임을 보아야 합니다.

우리는 누구를 따라갑니까? 예수 그리스도입니다. 그것도 날마다 자기를 부인하며 십자가를 지고 따라야 합니다. 예수님이 간 길은 예수님만 가시는 게 아닙니다. "그리스도의 장성한 분량이 충만한 데까지 이르리니"(엡 4:13)라고 하지 않습니까? 우리 모두가 가야 할 길입니다. 우리가 따라갈 길입니다. 그래서 이것을 중첩시킨 것입니다.

믿음의 여인들의 공통점

아브라함의 역사는 이삭과 리브가의 결혼을 통해 믿음의 후손들을 준비하는 데까지 이릅니다. 믿음의 1세대인 사라와 2세대인 리브가 그리고 그 뒤를 이은 라헬까지 믿음의 여인들의 공통점이 있습니다. 바로 놀라운 결단력과 고백입니다.

아브라함은 2세대 믿음의 후계자인 이삭의 아내를 구하기 위해 그의 종 엘리에셀을 하란 땅으로 보냅니다. 그리고 이삭의 아내가 되어야 할 조건은 여자가 하란을 떠나서 가나안 땅으로 오는 것이었습니다.

> 만일 여자가 너를 따라 오려고 하지 아니하면 나의 이 맹세가 너와 상관이 없나니 오직 내 아들을 데리고 그리로 가지 말지니라(창세기 24:8).

엘리에셀이 하란 땅에 이르러 이삭의 아내 될 사람을 순조롭게 만나기를 기도하는데, 말을 마치기도 전에 하나님이 리브가를 보내셨습니다. 우물로 물을 길러 오는 리브가에게 엘리에셀이 물을 달라고 부탁했습니다. 엘리에셀은 자신이 물을 달라고 부탁한 여인이 낙타에게도 물을 준다면 하나님이 준비한 여인으로 받아들이기로 이미 작정했습니다. 그런데 놀랍게도 리브가가 엘리에셀에게 물을 주고 낙타에게도 물을 배부르게 마시게 하였습니다.

> 급히 물동이의 물을 구유에 붓고 다시 길으려고 우물로 달려가서 모든

낙타를 위하여 긷는지라(창세기 24:20).

하나님이 준비한 여인인 리브가를 만난 후에 엘리에셀은 라반과 부두엘을 만나서 결혼 승낙을 받습니다. 그리고 하룻밤을 보내고 아침 일찍 아브라함에게 돌아가려고 합니다. 이때 리브가의 식구들이 '며칠 또는 열흘'만이라도 자신들과 함께 머물면서 작별할 시간을 주기를 부탁합니다. 가나안 땅에서 하란 땅까지는 800킬로미터나 되는 먼 길입니다. 쉽게 왕래할 수 있는 길이 아닙니다. 리브가가 이제 가면 언제 만날지 모릅니다. 인간적으로 보면 리브가의 가족들이 당연한 권리를 주장하는 것입니다. 또 하나님께서 리브가를 쉽게 만나게 하셨으니 일정에 무리가 되지도 않았습니다. 엘리에셀은 고지식하게도 이 문제를 리브가에게 묻는 것으로 결정합니다.

그들이 이르되 우리가 소녀를 불러 그에게 물으리라 하고 리브가를 불러 그에게 이르되 네가 이 사람과 함께 가려느냐 그가 대답하되 가겠나이다(창세기 24:57-58).

리브가가 정이 없는 여자라고 생각하시면 안 됩니다. 1세대 믿음의 사람인 아브라함과 사라가 하란에서 가나안 땅을 향해 순종함으로 믿음의 길을 떠났습니다. 2세대 믿음의 여인인 리브가 역시 믿음의 1세대인 아브라함과 사라가 믿음의 결단을 한 것처럼 하란을 떠나 가나안 땅으로 지체하지 않고 떠났습니다.

> 이삭이 리브가를 인도하여 그의 어머니 사라의 장막으로 들이고 그를 맞이하여 아내로 삼고 사랑하였으니 이삭이 그의 어머니를 장례한 후에 위로를 얻었더라(창세기 24:67).

창세기 24장은 이삭이 리브가를 사라의 장막에 들이고 위로를 얻는 것으로 마무리합니다. 이삭이 '마마보이'였을까요? 아닙니다. 사라의 장막에 들였다는 것은 리브가를 사라의 후계자로 인정했다는 것입니다. 이삭이 위로를 받은 것은 2세대 믿음의 후계자에게 드디어 믿음의 동반자가 생겼다는 의미입니다. 이삭과 리브가를 2세대 믿음의 사람으로 인정한 것입니다.

> 라헬과 레아가 그에게 대답하여 이르되 우리가 우리 아버지 집에서 무슨 분깃이나 유산이 있으리요(창세기 31:14).

나중에 3세대 믿음의 후계자인 야곱의 아내인 라헬과 레아도 같은 고백을 합니다. 물론 리브가처럼 멋진 고백은 아니지만 하란 땅에 있는 라반에게 자신들의 기업이 없음을 고백하며 야곱을 따라 가나안 땅으로 떠납니다. 부르심의 방법은 다르지만 믿음의 여인들은 모두 하란이 아니라 가나안 땅으로 가는 결단과 고백을 했습니다.

이삭을 남겨 두고 깔끔하게 정리하다

아브라함의 믿음이 단순히 증명함으로 끝난 게 아니라 그 믿음이 누구에게 연결되고 있는가를 보는 것이 중요합니다. 아브라함의 믿음은 이삭에게로 이어졌습니다. 만약에 아브라함이 이삭을 세우지 못했다면 그의 믿음은 아무것도 아닌 것이 됩니다.

아브라함이 이삭을 번제로 바치려던 사건이 워낙 강렬하니까 그것만 기억하는 경우가 많습니다. 그러나 아브라함의 믿음은 22장에서 끝나는 게 아니라 이삭을 결혼시키는 24장까지 이어진다는 것을 기억하십시오. 아브라함의 삶의 절정은 이삭과 연결되어 있습니다. 이삭을 드림으로써 아브라함의 믿음이 연결되는 것입니다. 그러나 더 나아가 이삭이 믿음의 길을 가도록 인도해 줌으로써 아브라함의 믿음은 더욱 빛이 납니다.

아브라함은 사라가 죽은 후 후처를 맞이합니다. '향기'라는 뜻을 가진 '그두라'라는 여인인데 이 여인에게서 6명의 자식을 낳았습니다.

> 아브라함이 이삭에게 자기의 모든 소유를 주었고 자기 서자들에게도 재산을 주어 자기 생전에 그들로 하여금 자기 아들 이삭을 떠나 동방 곧 동쪽 땅으로 가게 하였더라(창세기 25:5-6).

아브라함은 '이삭'으로 말미암아 '이스마엘'을 떠나보낸 사람이었습니다. 그런데 '사라'가 죽은 후에 뒤늦게 '그두라'를 통해서 많은 자식이 태어났습니다. 만일 아브라함이 이대로 죽었다면 이삭과 그두라의 소생 6명과 문제가 생겼을지도 모릅니다. 그러나 아브라함은 이삭만이 '자기 아들'이란 표현을 쓰고 다른 자식들은 '자기 서자'라고 불렀습니다. 오직 '이삭'만이 유일한 아들임을 인정한 것입니다. 이것은 정실부인의 아들이라서가 아니라 '이삭'만 하나님께서 인정하신 후계자였기 때문입니다. 아브라함은 살아생전에 이 문제를 깨끗하게 마무리지어 놓습니다. '자기 생전'에 동쪽 땅으로 가게 함으로 2세대 믿음의 사람인 '이삭'의 길을 잘 지켜 준 것입니다.

저는 성도들에게 잘 사는 것도 중요하지만 삶을 잘 정리하는 것이 더 중요하다고 가르칩니다. 우리 후손들이 믿음으로 살아갈 수 있도록 마지막을 잘 정리해야 합니다. 믿음의 조상이란 자기 삶뿐만 아니라 후손들의 믿음의 삶을 통해 붙여질 수 있는 이름입니다. 아브라함은 믿음이 무엇인지를 자녀에게 보여 줘서 그리로 달려갈 수 있게 하였습니다. 우리도 마찬가지로 자기 믿음이 아니라 믿음을 흘려보내는 믿음의 통로로서 사는 싸움에 힘써야 합니다.

인생의 마지막에 이것을 잘해 놓아야 합니다. 유언을 제대로 해 놓으십시오. 재산 정리를 잘해 놓고, 하나님께 드릴 것과 자녀의 것을 정리해 두어야 합니다. 아브라함은 깨끗하게 정리했습니다. 구원이 흘러갈 것과 어떻게 할 것을 깨끗이 정리했습니다. 어른이 정리하지 않으면 세월이 갈수록 점점 더 난장판이 되어 갈 것입니다. 언약이 어디서 어디로 흘러가는지가 분명하게 정리되어야 생생하게 유지될 수 있습니다.

믿음은 혈통이 아니다

아브라함에게 믿음의 후계자가 누구인가 하는 문제는 매우 중요한 문제였습니다. 믿음의 2세대 이삭에게도 믿음의 후계자가 누구인지가 중요했습니다. 야곱에게도 열두 아들 중에서 누가 장자권을 가질 것인가가 문제였습니다. 거기서 요셉이 나왔고 계속해서 믿음의 후손들이 뒤를 이었습니다.

하나님께서 아브라함에게 이삭을 바치라고 하신 것은 장차 이어질 모든 믿음의 후손들이 단순히 혈통에 의해서 대물림되는 것이 아님을 강조하신 것입니다. 유대인들이 이걸 놓친 것이지요. 유대인들은 "우리가 아브라함의 후손이 혈통"이라고 말하지만, 성경은 아브라함의 후손인데도 이스마엘을 떠나보냈고, 장자 에서도 떠나보냈습니다. 하나님은 믿음은 혈통이 아니라고 계속 말씀하시는데도 못 알아듣고 착각하는 것입니다.

하나님이 택하신 자들은 모두 하나님으로부터 나온 자들입니다.

> 아브라함과 다윗의 자손 예수 그리스도의 계보라 아브라함이 이삭을 낳고 이삭은 야곱을 낳고 야곱은 유다와 그의 형제들을 낳고 유다는 다말에게서 베레스와 세라를 낳고 베레스는 헤스론을 낳고 헤스론은 람을 낳고 람은 아미나답을 낳고 아미나답은 나손을 낳고 나손은 살몬을 낳고 살몬은 라합에게서 보아스를 낳고 보아스는 룻에게서 오벳을 낳고 오벳은 이새를 낳고(마태복음 1~5).

'낳고, 낳고'가 이어져서 예수 그리스도에게까지 새로운 생명이 접붙임되는 것, 그것이 진정한 낳음입니다. 믿음의 자녀들은 누구의 것입니까? 모두 하나님의 것입니다.

우리 삶의 이삭을 번제물로 드리는 게 중요한 것이 아니라 이삭을 통해 다음 세대를 끌어갈 수 있는 믿음의 사람을 세우는 것이 중요합니다. 여기까지가 믿음의 사람들이 해야 할 역할입니다. 아브라함이 이삭을 세우고, 이삭이 야곱을 세우니까 믿음의 통로가 연결되어 갔습니다. 이것이 매우 중요합니다.

아브라함은 믿음의 1세대로 부름을 받았을 때 자기의 믿음을 이어 갈 자가 누구인가를 가지고 항상 고민했습니다. 아브라함과 마찬가지로 이삭에게도 족보는 중요한 문제였습니다.

> 아브라함의 아들 이삭의 족보는 이러하니라 아브라함이 이삭을 낳았고
>
> (창세기 25:19)

이삭이 그의 아내가 임신하지 못하므로 그를 위하여 여호와께 간구하매 여호와께서 그의 간구를 들으셨으므로 그의 아내 리브가가 임신하였더니 그 아들들이 그의 태 속에서 서로 싸우는지라 그가 이르되 이럴 경우에는 내가 어찌할꼬 하고 가서 여호와께 묻자온대 여호와께서 그에게 이르시되 두 국민이 네 태중에 있구나 두 민족이 네 복중에서부터 나누이리라 이 족속이 저 족속보다 강하겠고 큰 자가 어린 자를 섬기리

라 하셨더라(창세기 25:21-23).

아브라함이 죽은 후 믿음의 2세대가 시작될 때 리브가가 임신을 하지 못하다가 이삭이 간구하매 하나님께서 그의 간구를 들어주셨습니다. 그런데 쌍둥이를 가졌고, 에서와 야곱이 한 태에서 싸웠습니다. 하나님은 태중에서 야곱을 선택하셨습니다. 2세대의 믿음 이야기를 시작하면서 곧바로 3세대를 이어 갈 후계자를 다루고 있는 것입니다.

아브라함이 죽고 나서 이스마엘의 족보가 나오고 이삭의 족보가 시작되었듯이, 이삭이 죽고 나서 에서의 족보가 나오고 똑같이 야곱의 족보가 시작되는 같은 구조를 보입니다. 그다음 세대 이야기는 요셉이 17세 소년으로 형들과 양을 칠 때부터 시작됩니다.

야곱의 족보는 이러하니라 요셉이 십칠 세의 소년으로서 그의 형들과 함께 양을 칠 때에 그의 아버지의 아내들 빌하와 실바의 아들들과 더불어 함께 있었더니 그가 그들의 잘못을 아버지에게 말하더라(창세기 37:2).

보통 족보는 죽고 태어나면서 시작되는데, 야곱의 족보는 요셉이 17세 때부터 시작됩니다. 이때가 야곱의 자녀들에게 중요한 때였기 때문입니다. 이때 꿈을 꿨고, 갈등이 생겼고, 이때 팔아넘기는 갈등이 형제들 안에 있었습니다. 야곱의 족보는 누가 기득권을 가질 것이냐를 놓고 요셉과 형제들이 갈등하는 것에서부터 시작합니다. 즉 아브라함과 이삭과 야곱의 족보는 누가 믿음의 후계자인가를 설명하고 있다면 야곱의 족보는 열두 아들 중에서 누가 장자권과 치리권을 갖는가의 문제로 넘어간 것입니다.

이렇듯 믿음의 후손들은 갈등과 성장을 통해 계속 이어져 오고 있습니다. 혈통이 아닌 하나님의 선택에 의해서 말입니다. 눈앞에 보이는 것 너머의 의미를 찾지 않으면 믿음의 계보를 이어 가는 일은 결코 쉽지 않습니다.

제가 둘로스선교회의 목회자들에게 항상 하는 말이 있습니다.

"사역은 일이 아니라 사람을 세우는 것이다. 교회 건물을 세우고 사람을 모으는 것이 사역이 아니라 믿음의 사람을 키우는 것이 사역이다. 사람만 있으면 무슨 일이든 할 수 있다."

선교사들에게도 똑같이 말합니다.

"구제사역이 중점이 되어서는 안 된다. 사람을 세우는 사역을 해라."

배곯는 사람에게 밥을 주는 것으로 끝내선 안 됩니다. 우리는 언제 어디서든 사람을 세워야 합니다. 다음 세대를 이어 갈 사람을 키워야 합니다. 구제사역을 감정으로 하지 마십시오. 후원자들이 감정에 반응하니까 자꾸 사람의 감정에 호소하려고 합니다. 눈물을 쏙 빼주어야 후원을 해 주니까 말입니다.

어떤 학생이 급하게 뛰어가는 것을 보고 교수가 물었습니다.

"학생, 왜 뛰어가나?"

"수업에 늦었습니다."

"수업에 늦었다고? 빨리 가면 뭐 하나?"

"공부해야죠."

"공부해서 뭐 하게?"

"좋은 직장 가야죠."

"좋은 직장 가서 뭐 하게?"

"성공하게요."

"성공해서 뭐 하게?"

"결혼을 잘해야죠."

"결혼해서 뭐 하게?"

"잘살아야죠."

"잘살아서 뭐 하게?"

"행복해야죠."

"행복해서 뭐 하게?"

"멋있게 살다가 죽어야죠."

"그럼 자네는 죽으러 뛰어가고 있나? 열심히 죽으러 가는 길이구면."

그렇습니다. 의미를 모르고 달리는 것은 열심히 죽으러 가는 것과 같습니다. 이 땅의 삶이 의미 있는 것은 예수 그리스도로 증명하신 하나님의 사랑하심을, 복음을 전하며 다음 세대를 세울 수 있어서입니다.

당신의 믿음이 누구에게 흘러가고 있습니까? 다음 세대에 믿음의 선지자가 없으면 이 나라는 소망을 잃게 됩니다. 아브라함과 같은 중재자, 선지자가 없으면 망하는 것입니다. 우리가 깨어 있어야 하는 이유입니다.

아브라함에게 평생의 숙제는 믿음을 이어 갈 자가 누구냐였습니다. 신앙은 자기의 믿음을 증명하는 것이 아닙니다. 내 믿음은 나에게서 증명되는 것이 아니라 나를 통해 다음 사람이 세워질 때 증명되는 것입니다.

당신의 삶의 목적이 하나님께 영광이 되는 것이라면 하나님의 때를 기다려야 합니다. 진짜 하나님의 영광이 되도록, 거기에 묘하게 자기 영광이 끼어들어가지 않도록 주의해야 합니다. 그러면 하나님의 때에 하나님의 영광이 드러날 것입니다.

. . .

우리는 누구를 따라갑니까?
예수 그리스도입니다.
그것도 날마다 자기를 부인하며
십자가를 지고 따라야 합니다.

이 땅에 종착역은 없다

오늘날 한국의 기독교가 힘을 잃은 이유 중 하나는 믿음의 부요함을 잃어버렸기 때문입니다. 하나님이 아브라함을 통해 보여 준 믿음은 위대한 것입니다. 그런데 자기 믿음만을 증명함으로 너무 가난한 기독교가 되어 버렸습니다. 큰 성전을 지어서 믿음을 증명했고, 대규모 집회를 열어서 증명했습니다. 외적 성장 자체는 문제가 아니지만 그것이 하나님 앞에서 자랑거리가 될 수 없습니다. 그러는 사이에 하나님을 믿는 믿음의 명예로움은 사라지고 다음 세대의 청년들은 교회에 실망하기 시작했습니다. 다음 세대를 깨우지 않은 것입니다. 다음 세대에게 명예로운 믿음을 보여 주지 않았습니다.

제가 존경하는 목사님이 있습니다. 그분이 은퇴할 계획을 세우셨는데, 은퇴 조건이 담임목사 은퇴와 함께 같이 일한 모든 장로가 동시에 은퇴하는 것이었습니다. 목사만 은퇴하면 교회가 변화하지 못한다는 것이 그 이유였습니다. 새로운 목사가 새로운 장로와 새로운 길을 열라는 의미입니다. 심지어 교회 이름을 바꿔도 좋다고 했습니다. 한 장로님이 교회 이름까지 바꾸는 건 너무 심하지 않냐고 했더니 목사님은 이렇게 대답하셨습니다.

"장로님, 우리 평생 멋있게 하나님의 교회를 섬겨 왔잖아요. 우리 시대를 잘 살아왔지 않습니까? 그러니 우리는 이제 잘 떠납시다. 다음 세대가 이름을 바꾸든, 교회를 축소시키든, 어떻게 하든지 간에 다음 세대가 하나님께로 달려갈 수 있도록 돕고 우리는 멋지게 은퇴합시다."

아브라함은 믿음의 조상입니다. 믿음의 조상이란 후손이 있어야만 받는 명예입니다. 후손이 없는 조상은 존재할 수 없습니다. 아브라함의 믿음을 기억할 때 하나님께 이삭을 바치는 창세기 22장에서 끝내서는 안 됩니다. 모리아 산을 넘어서 후손들이 바라봐야 할 믿음의 근거지인 막벨라 굴을 산 것까지 가야 합니다. 이삭과 리브가를 결혼시킴으로써 믿음의 후계자를 세운 데까지 가야 합니다. 이후 막벨라 굴은 아브라함과 사라, 이삭과 리브가, 야곱과 레아가 묻힘으로써 이스라엘의 정신적 근거지가 되었습니다. 그런가 하면 이 막벨라 굴은 야곱이 요셉에게 맹세시켜 묻힘으로써 애굽에 내려온 모든 이스라엘 후손들이 바라보고 가야 할 목적지가 되었습니다.

이스라엘이 죽을 날이 가까우매 그의 아들 요셉을 불러 그에게 이르되 이제 내가 네게 은혜를 입었거든 청하노니 네 손을 내 허벅지 아래에 넣고 인애와 성실함으로 내게 행하여 애굽에 나를 장사하지 아니하도록 하라 내가 조상들과 함께 눕거든 너는 나를 애굽에서 메어다가 조상의 묘지에 장사하라 요셉이 이르되 내가 아버지의 말씀대로 행하리이다 야곱이 또 이르되 내게 맹세하라 하매 그가 맹세하니 이스라엘이 침상 머리에서 하나님께 경배하니라(창세기 47:29~31).

이것이 창세기 11장의 죄인들의 결론과 다른 것입니다. 《창세기 파헤치기 1 : 맨 처음 말씀》에서 죄된 인류는 결국 바벨탑을 쌓는 데로 갔다고 했습니다. 선악과를 먹음으로 죄로 물든 인류는 홍수 심판 때 은혜를 입었음에도 불구하고 결국 바벨탑을 쌓고 말았습니다. 믿음이 없는 세대의 특징입니다. "우리 이름을 내고 온 지면에 흩어짐을 면하자"는 것이 그들의 결론이었습니다. 자신을 증명하고 자신의 아성을 쌓고 자신의 세력을 증명하는 것으로 끝나 버렸습니다. 하나님이 흩어 버릴 수밖에 없었습니다.

그러나 믿음의 첫 번째 사람인 아브라함은 달랐습니다. 그는 가는 곳마다 여호와께 제단을 쌓고 여호와의 이름을 불렀습니다. 그리고 자신을 증명하는 것으로 끝나지 않고 다음 세대가 바라봐야 할 근거지를 남겨 두었습니다. 아브라함이 자신을 증명하는 것으로 인생을 마무리지었다면 그것은 또 다른 바벨탑일 수 있습니다. 후손들의 특권은 선배들의 삶을 보고 그 발판을 딛고 넘어서는 것이라고 합니다. 그러기 위해서는 발판이 되어 줄 믿음의 선배들이 있어야 합니다.

이 시대의 교회들은 믿음의 후손들의 근거지입니다. 헤브론 땅의 막벨라 굴처럼 말입니다. 아브라함이 대가를 치르고 산 막벨라 굴처럼 이 땅의 교회도 믿음의 선진들의 헌신과 기도로 세워졌습니다. 교회는 후손들이 바라봐야 할 믿음의 근거지여야 합니다. 교회는 자신들을 증명하는 바벨탑이 되어서는 안 됩니다. 교회의 영광은 크기에 있는 것이 아니라 예수 그리스도의 임재와 통치에 있습니다. 이 땅의 교회들이 하나님의 약속이 있는 곳, 믿음의 근거지가 되는 곳이기를 소망합니다. 믿음의 길을 가는 이 땅의 모든 성도들이 후손들에게 존경받을 만한 믿음의 명예를 보여 주었으면 좋겠습니다. 아브라함처럼 말입니다.

다음 편을 기대하세요 ~!